沈阳师范大学博士、引进人才科研项目启动基金。编号：BS200913。

沈阳师范大学法学学术文库

SHENYANGSHIFANDAXUE FAXUE XUESHU WENKU

多维法制视角下的企业社会责任

王　晓　任文松◆著

中国社会科学出版社

图书在版编目（CIP）数据

多维法制视角下的企业社会责任／王晓、任文松著．—北京：中国社会科学
出版社，2012.9
ISBN 978 – 7 – 5161 – 1373 – 8

Ⅰ.①多…　Ⅱ.①王…②任…　Ⅲ.①企业责任—社会责任—研究—中国
Ⅳ.①F279.2

中国版本图书馆 CIP 数据核字（2012）第 216568 号

出 版 人	赵剑英
责任编辑	蒯　虹
责任校对	李　莉
责任印制	戴　宽

出　　　版	中国社会科学出版社
社　　　址	北京鼓楼西大街甲 158 号（邮编 100720）
网　　　址	http://www.csspw.cn
	中文域名：中国社科网　　010 – 64070619
发 行 部	010 – 84083685
门 市 部	010 – 84029450
经　　　销	新华书店及其他书店

印　　　装	三河市君旺印装厂
版　　　次	2012 年 9 月第 1 版
印　　　次	2012 年 9 月第 1 次印刷

开　　　本	880×1230　1/32
印　　　张	8.25
插　　　页	2
字　　　数	202 千字
定　　　价	38.00 元

总　序

　　以前，我对沈阳师范大学知之甚少，实属孤陋寡闻。自从沈阳师范大学法学院的单晓华教授加盟法学所博士后流动站后，我作为她的合作导师，才开始逐步了解、关注这所具有悠久历史的学府。在沈师大校庆 60 周年到来之际，沈阳师范大学法学院隆重推出"沈阳师范大学法学学术文库"，法学院领导希望我能为之作序，虽明知难当此任，但却之不恭，不如从命。

　　早在新中国成立之初，根据中共中央七届三中全会的部署，国家对当时的教育和科学文化事业进行了调整和改造，即调整一批老式高等院校，建立一批新式社会主义高等院校，东北教育学院——沈阳师范大学的前身就在这样的历史背景下成立了。

　　沈阳师范大学法学院经过近二十年的发展与变革，取得了丰硕的成果和骄人的业绩。1996 年 4 月，经国务院学位委员会批准，法律系取得了民商法学硕士学位授予权，成为当时全国高等师范院校中第三个法学硕士学位点。2007 年 4 月，民商法专业被辽宁省省委宣传部批准为省哲学社会科学重点建设学科。2008 年 3 月，民商法专业被辽宁省教育厅批准为省重点培育学科。2009 年 3 月，民商法专业被辽宁省教育厅批准为省优势特色重点学科，尔后又分别取得法学理论、诉讼法学硕士学位授予权。2007 年 5 月又获得法律硕士专业学位授予权。经过沈阳师范大学法律人的不懈努力，学科建设取得了一定成绩并初具规模，积累了大批优秀的科研成果，形成了自己的特色和优势。

在沈阳师范大学法学院的教师队伍中，活跃着一批学历高且富有朝气的年轻学者，他们颇具法学素养，潜心学术研究；他们热爱三尺讲台，勤勉教书育人；他们关注国计民生，重视法治实践；他们开阔国际视野，借鉴他山之石。沈阳师范大学法学院的广大教师在平时的教学耕耘与学术研究中收获了累累硕果。在此基础上，他们决定编辑出版"沈阳师范大学法学学术文库"系列丛书，这既是对沈阳师范大学 60 华诞的一份厚礼，也是对这所辽宁法律教育与学术研究的重镇所取得成就的一次检阅。我希望这套法学文库能够成为后来者在法学研究和法律教育的道路上继续攀登的阶梯，更希望通过这些文章，能够向热爱法学、崇尚中国法律研究的读者展示沈阳师范大学的治学精神与科研传统。

《中庸》论道："博学之、审问之、慎思之、明辨之、笃行之"，阐释了学术研究探索真理的精神以及达到知行合一境界的必由之路。从对世界历史进程的审视与洞察来看，社会发展、科学昌明、思想进步、制度革新，从来都离不开法学研究的力量与成就的滋养与推动。

一所优秀的综合性大学是国家与社会发展中一种不可或缺的重要力量，而法学研究的水平则体现了中国社会主义法治的发展程度和综合实力，是社会进步、法制文明的重要标志。因此，一所大学的学术氛围，不仅在很大程度上影响和引导着学校的教学与科研，而且渗透和浸润着这所大学追求真理的精神信念。正如英国教育思想家纽曼所言：大学是一切知识和科学、事实和原理、探索与发现、实验与思索的高级力量，它的态度自由中立，传授普遍知识，描绘理智疆域，但绝不屈服于任何一方。

大学的使命应是培养人才、科学研究和服务社会；高等教育发展的核心是学术和人才。因此，大学应成为理论创新、知识创新和科技创新的重要基地，在国家创新体系中具有十分重要的地位和意义。沈阳师范大学法学院是一所正在迅速兴起的学院，其注重内涵建设和综合协调发展，法学院贯彻"强管理、重服务、育队伍、出精品"的工作理念，通过强化科研管理，建立健全科研制度、凝练科研队伍、打造科研精品、营造科研氛围，使教师们的科研积极性空前高涨，取得了丰厚的科研成果。近五年来，法学院教师出版专著53部，发表论文180多篇，科研立项60余项，科研获奖60余项。法学院秉承"博学厚德　求是笃行"的院训，以培养适应社会主义市场经济和法治建设需要的应用型、复合型法律人才为目标，以本科教学为中心，以学科建设与队伍建设为重点，大力发展研究生教育，努力建成专业特色显著，国内知名、省内一流的法学教育研究与法律实务相结合的法学院。

这套文库的出版，将有助于提升法学科学的学术品质和专业素质。法学教育是高等教育的重要组成部分，是建设社会主义法治国家、构建社会主义和谐社会的重要基础，并居于先导性的战略地位。在我国社会转型时期，法学教育不仅要为建设高素质的法律职业共同体服务，而且要面向全社会培养大批治理国家、管理社会、发展经济的高层次法律人才。沈阳师范大学法学教育适应侧重培养懂法律、懂经济、懂管理、懂外语的高层次复合型、应用型人才的目标定位，在培养具有复合知识结构的本科生、研究生方面形成了鲜明的法律实务特色。法科学生除重点学好法学核心课程和教学计划的其他课程外，应适当广泛涉猎、阅读学术专著，这对巩固、深化课堂知识是十分必要的。在教材之外，出版一批理论精深、博采众长、体察实践、观点新颖的专著，可以有效满足学生解惑之需。本文库诸部著作，围绕诸多法学领域及法治实践中的重大疑难问题，对我国相关法律制度加以细致的探讨与阐述。这将有助于拓展法科学生的视野，为他们思考、研究问题以及应用法律提供新的方法和视角，进而登堂入室、一窥门径。

这套文库，在选题和策划上，偏重法学领域中实践意义重大且学界较少探讨的具体问题；在内容上，较为侧重对具体问题的深入分析和制度的合理构建。这固然与沈阳师范大学法学院以理论法学为基础，以诉讼法学为特色，以民商法为支撑，集中发展新兴二级学科的学科发展战略有关，也是对法学研究方向思考的智慧结晶。从宏观角度而言，目前我国的法学学科框架已经基本成熟，法学界对法学各学科的体系、基本原则和基本理论已难觅较大争议。因此，沈阳师范大学法律人能应法律实践的需求和法治完善的需要，对前人较少涉及的一些具体法律制度及其微观层面展开深入细致的研究，揭示其所依存的理论基础，提供富有可操作性的制度设计，以此推动法学研究与法学教育的进步，并推动我国法制臻于完善，这无疑是一种值得嘉许的学术视角和探索尝试。

　　是为序。

陈泽宪

2010 年秋谨识于北京景山东隅

目　录

引　言

　　孟子见梁惠王。王曰："叟，不远千里而来，亦将有以利吾国乎？"孟子对曰："王！何必曰利？亦有仁义而已矣。"[①] 这段话，可以重新演绎为现代企业与大师孟子的对白。有一天，大师孟子受邀到某一大型企业，该大企业老板问孟子："大师辛苦了！请问您将如何帮助我的公司赚钱？"孟子回答："老板啊！您何必老是谈赚钱？我觉得您应该多尽一些企业的社会责任。"如今，"企业社会责任（Corporate Social Responsibility，CSR）"已经与企业须臾不可分离。企业中有专门负责企业社会责任的全职员工，企业外有专业的顾问，相关企业社会责任的主题网站、电子报刊和杂志更是层出不穷。

　　随着经济和社会的发展，企业承担社会责任的重要性与必要性已不容置疑。企业与社会共生的关系，要求企业承担更多的社会责任，以期达到"取之于社会，用之于社会"的互惠目的。在如何善尽企业社会责任方面，现代企业正面临着与日俱增的巨大

---

① 《孟子·梁惠王上》。

压力。例如：美国 3M 公司四十年来畅销全球的 Scotchgard 胶带因为在环境中无法自动分解，于 2000 年自动停产。由于人权团体与学生的抗议，著名的星巴克咖啡连锁店已同意将咖啡豆采购，交给那些愿意支付给第三世界国家较高价格的进口商。可见，随着国民所得、教育水准以及民众自主意识的提高，人们对于生活品质的要求和企业的期许也不断水涨船高。企业因此持续地受到来自各种不同利益团体的监督，要求企业将资源更多地投入到承担社会责任之中的呼声也越来越高。"当我伤害你的时候，我已经和你最亲近，尽管我并不知道"。① 回顾国内近年来由于企业没有承担起其应该承担的社会责任而发生的重大事件，无不令人痛心疾首。"三鹿奶粉"、"矿难"、"强生"、"瘦肉精"等事件无不令国人愤怒和不安。其实，这些高昂的代价原本都是可以避免的。

　　企业也是社会的一分子，企业应善尽社会责任。这样的观念在发达国家已是普遍的常识，可在我国，这种观念似乎还处于启蒙阶段。我国的工业化与欧、美、日等发达国家比较起来起步较晚，大多数企业似乎还未有足够的认识和蓄积足够的实力，将企业承担社会责任恒常化、制度化，但这并不能够成为我国企业逃避承担社会责任的借口。当今世界，企业承担社会责任已成为普遍共识，也成为现代企业必修的课题之一。

　　当前，企业社会责任无论在实务界还是理论界已经成为一个热点问题，很多学者分别从经济学、管理学、社会学、法学等角度对企业社会责任进行了深入细致的研究，成果可谓相当丰硕，

---

① ［印］泰戈尔著：《渡口·第 23 首》。

但在这些研究成果中从法学视角对企业社会责任进行研究的则较少，内容也较为原则和笼统。本书虽然也是从法学的角度对企业社会责任展开分析，但采用了多维法制环境的视角，以期厘清不同法制环境对企业承担社会责任的不同要求，以及企业在不同法制环境中应采取的相应的调适举措。

第一章　企业社会责任基本问题解析

　　企业社会责任是 20 世纪以来凸显于诸多学科领域的一个重要概念，亦是建构企业与社会和谐关系的一种基本思想。作为理论概念，企业社会责任蕴涵隽永、言近旨远，然而其诠释则歧义颇多，即便是在企业社会责任之倡导者中，也未能就其形成一致的、公认的界说。作为极富建设性的思想，企业社会责任至今风靡不衰，众多理论工作者殚精竭虑，意在唤起全社会对它的认同与接纳，然又因其挑战传统而备受责难。戴维斯（Davis）认为：随着时代的变化，社会对于企业的期望水准不断提高，企业的社会角色也跟着扩大，不可避免的必须去承担社会责任。[①] 正如艾尔斯（Eells）所说：企业必须逐渐的由只承担最少责任的传统企业逐渐朝承担最大的社会责任的母性企业过渡。[②] 所以当我们面对"企业是社会问题的一部分"的事实时，我们是否也应该要省

---

　　① Davis, Keith. & Robe, L. Blomstrom, *Business and Society：Environment and Responsibility*，3rd, New York：McGraw Hill，39.

　　② Eells, R.，*The Meaning of Modern Business*，New York：Columbia University Press.

思"如何让企业成为解决问题的一部分"，通过企业积极、勇于承担社会责任来共同营造一个更具法制化的社会。

第一节　企业社会责任的内容

企业社会责任自提出之日起，激烈的争议就不绝于耳，反对说和赞成说各执一词、互不相让，但随着经济和社会的发展，反对说日渐式微，赞成说逐渐成为通说。

海耶克（Hayek）是最先提出反对声浪的学者，他认为企业唯一追求的目的在于替受托人达成利润最大的目标，如果为经营者以外的利益而服务，短期内会增大经营者无责任的权力，长期而言会招致政府对企业的统治，因此企业如果负担起社会责任，除了破坏自由社会所形成的机制外，别无好处。① 弗利曼（Friedman）引领了社会责任反对的浪潮，他认为承受社会责任是一种损害，企业经营者应该尽可能为股东赚钱，如经济与法律的权利，如果付出太多是不负责任的，因此，承担社会责任反而会形成一种破坏性教条，而具破坏性的理由如下，第一点是经营者的能力有限；第二点是企业承担社会责任会侵害股东的权力。② 总体而言，反对企业应承担社会责任者的主要理由如下：一是企业唯一负责任的对象是其股东，因此，企业经营者应严格遵守为股东谋求利益最大化的法则。二是企业如须负起

---

① Hayek, R., "Social Responsibility of Business Manager", *Academy of Management Journal*, Vol. 7, No. 1, 1960, 135—143.

② Friedman, M., "The Social Responsibility of Business is to Increase ite Profits", *New York Time Magazine*, September 13, 1970.

社会责任，则因企业之经营者为少数之经理人（及董事），由他们决定何者为公共政策（public policies），偏差即可能会发生。三是企业社会责任，基本上为一道德上的概念，因此，即使是可能，企业也很困难完全掌握它的内涵，进而加以落实。盖道德之内涵，人言言殊，因观点之不同，而会有不同的看法。四是如果责令企业应承担社会责任，则将有损自由企业体制（free enterprise system）所立论的基本原则。[①]

就正面的企业社会责任学派而言，学者戴维斯（Davis）开启了企业社会责任的正面观点的先河，他定义社会责任为管理者付出的决策或活动，必须超越企业经济与科技利润。[②] 另外，迈克奎因（McGurie）认为能承担社会责任的企业，并非只有经济与法律责任。[③] 因此，社会责任的范畴从原来局限于经济与法律层面，逐渐扩展出去，但企业所必须承担的社会责任仍然是模糊的。因此，学界开始探讨企业社会责任的范围，学者卡罗尔（Carrol）阐述了社会绩效的三构面，其中包含社会责任、特定的社会议题与社会回应的概念。[④] 再者，根据卡罗尔的概念，斯宾塞和泰勒（Spencer and Taylor）进一步将社会责任分为经济责任（economic responsibility）、法律责任（legal responsibility）、伦理责任（ethical responsibility）和博爱责任（discretion-

---

① 引自刘连煜《公司治理与公司社会责任》，中国政法大学出版社 2001 年版，第 4—5 页。

② Davis，K.，"Can Corporations Ignore Social Responsibilities?"，*California Management Review*，1960，Vol. 2，No. 3，70—76.

③ McGuire，J. B.，"Business and Society"，New York，*McGraw-Hill*，1963.

④ Carrol，A. B.，"A Three-Dimensional Coceptual Model of Corporate Social Performance"．*Academy of Management Review*，1979，Vol. 4，497—505.

ary responsibility）四种层面①，奠定了企业社会责任范围的建构。总体而言，赞成企业应承担社会责任者的主要理由如下：一是现代社会对企业组织的期待，已由纯然是经济性组织的看法，转变为兼具社会性使命，因此，既然企业所处的环境对其的期待已有不同，企业应调整其角色，承担起社会责任，否则即有可能危及企业存在的合法性。二是企业追求"利益最大化"（profit - maximization）应从过去以短期速成为基准的观点，更改为着眼于长期利益的追求。如果企业能以追求长期之利益为出发点，则企业承担社会责任的问题，便可找到立论之处，因为企业承担起社会责任，当然足以改善企业所处的环境，从而有利于企业长期之发展，最终可为企业带来利益。三是企业有道德上的义务，以帮助处理社会上的问题。这是因为这些社会上的问题，很多是企业所直接造成的（例如企业所造成之环境污染）。因此，企业当然责无旁贷地应承担起帮助社会处理这些问题的义务。四是企业本身拥有很多资源可供解决社会性问题之使用。五是企业之行为如是负责任者，则有利于其形象之提升，从而，有利于企业之发展。此外，如果企业自动地善尽社会责任，亦足以避免政府以不必要之外在的法规，钳制企业之活动，造成企业活动受到不必要的管制。②

---

① Spencer B. A. and Taylor，G. S.，"A Within and Between Analysis of the Relationship Between Corporate Social Responsibility and Financial Performance"，*Akron Business and Economic Review* 18：7—18 in Preston，L. E. and D. P. O' Bannon (1997)．"The Corporate Social - financial Performance Relationship"，*Business and Society*. 36 (4)：419—429.

② 引自刘连煜《公司治理与公司社会责任》，中国政法大学出版社 2001 年版，第 3—4 页。

一 企业社会责任的概念

哲学家维特根斯坦说，"概念引导我们进行探索"，哲学家奥斯汀曾经指出，我们"不仅要盯住词，而且也要领悟到这些词所意指的实存"，因为，我们正是通过"对词的清晰理解来明晰我们对现象的认知"。① 同样，当我们想要把企业应承担的社会责任目标，化为具体的企业行动时，必须先对社会责任这个概念加以界定与澄清，否则企业的经营者必定无所适从。因为企业社会责任这一个名词的涵盖可以甚广，也可以很窄，而且向来其定义是众说纷纭、莫衷一是。的确，对于十分讲究"法言法语"的法学而言，对于一些专门（或者说"核心"）术语进行穷其究竟的推敲与厘析，更是十分必要的。以下，先就概念上来作一讨论与廓清，以作为后文进一步探讨企业社会责任相关内容时的基调。随着时代的变化，许多学者与机构纷纷对企业社会责任的定义提出不同的看法与见解，现对其加以归纳整理如下：见表1和表2。

我国学者虽然研究企业社会责任的时间不长，但对企业社会责任的定义也形成了几种比较有代表性的观点。刘俊海博士认为"所谓公司社会责任，是指公司不仅能以最大限度地为股东们营利或赚钱作为自己唯一存在的目的，而应当最大限度地增进股东利益之外的其他所有社会利益。这种社会利益包括雇员（职工）利益、消费者利益、环境利益、社会弱势群体及整个社会公共利益等内容，既包括自然人的人权，尤其是《经济、社会和文化权

---

① 韦森：《社会制序的经济分析导论》，上海三联书店2001年版，第4页。

表 1　　　　　　　　　　**学者对于企业社会责任的定义**

学者	定　　义
Bowen（1953）	企业根据公共目标和社会价值观念进行决策和生产经营的义务
Davis（1973）	社会给予企业的合法性权利，然而若是企业没有适当地运用，这种权利将被收回
Carrol（1979）	企业社会责任即为特定时代社会希望企业在经济、法律、伦理和慈善四个方面所承担的责任
Wood（1991）	企业社会责任乃是组织的社会义务，企业有责任对其主要及次要范围负责（主要范围是指企业的功能角色，而次要范围是指由于企业的主要活动造成的影响）
Drucker（1993）	企业公民表示积极承诺、责任，它代表企业在一个社区、一个社会及一个国家所应负的责任
Warhurst and Nornoha（2000）	企业社会责任的策略做法，乃表示其积极性地进行污染预防及社会影响评估的内部化过程，借此以改善环境与社会冲击，并达到最佳效益

表 2　　　　　　　　　　**各机构对于企业社会责任的定义**

机构	定　　义
世界企业永续发展协会（WACSD）	一种企业的承诺，为求得经济永续发展，共同与员工、家庭、社区和地方社会营造高品质的生活
欧盟	企业对于其利害关系人造成影响时，所应担负起的责任，乃是持续承诺以公平及负责的行为使他的员工、家庭、社区或地方社会达到经济发展、生活素质、社会凝聚、维护环境品质方面的提升，同时亦在生产、雇用、投资上，致力于改进雇用与工作品质，劳资关系如尊重基本权利、机会平等、无歧视，以及维护高品质的财务与服务、人体健康、良好环境
企业社会责任论坛（CSR Forum）	一种以道德为标准以及对员工、社区、环境则采行公开与透明化的商业模式，乃是用来获致股东需求甚至进一步达成社会整体永续价值，然而其范围是广泛与复杂的
世界银行	企业与关键利益相关者的关系、价值观、遵纪守法以及尊重人、社区和环境有关的政策和实践的集合
SAI	企业社会责任区别于商业责任，它是指企业除了对股东负责，即创造财富之外，还必须对全体社会承担责任，一般包括遵守商业道德、保护环境、发展慈善事业、捐赠公益事业、保护弱势群体等

利国际公约》中规定的社会、经济、文化权利（可以简称为社会权），也包括自然人之外的法人和非法人组织的权利和利益。其中，与公司存在和运营密切相关的股东之外的利害关系人（尤其是自然人）是公司承担社会责任的主要对象"。[①] 另一位学者卢代富则这样定义"所谓企业社会责任，乃指企业在谋求股东利润最大化之外所负有的维护和增进社会利益的义务"。[②] 他还进一步指出，企业社会责任包括对雇员的责任、对消费者的责任、对债权人的责任、对环境资源的保护与合理利用的责任、对所在社区经济社会发展的责任及对社会福利和社会公益事业的责任等六种周延内容。[③] 还有学者指出，从最简单的意义上理解，企业社会责任是企业除经济责任、法律责任之外的"第三种责任"，它是企业在社会领域内对自身行为后果的"回应义务"。企业社会责任最本质的特征在于它的"内生性"，即这种责任是由于企业在社会领域内的自身行为引起的必然结果，而非任何外来压力推促下的企业义务。企业的社会责任与经济责任、法律责任是同时存在的，且是企业必须承担的责任。[④] 台湾学者刘连煜也认为，所谓企业社会责任者，乃指营利性的公司，于其决策机关确认某一事项为社会上多数人所希望者后，该营利性公司便应放弃营利之意图，俾符合多数人对该公司的期望。[⑤]

---

① 刘俊海：《公司的社会责任》，法律出版社 1999 年版，第 6—7 页。

② 卢代富：《企业社会责任的经济学与法学分析》，法律出版社 2002 年版，第 96 页。

③ 同上书，第 101—104 页。

④ 李立清、李燕凌：《企业社会责任研究》，人民出版社 2005 年版，第 30 页。

⑤ 刘连煜：《公司治理与公司社会责任》，中国政法大学出版社 2001 年版，第 66 页。

关于"企业社会责任"的意涵，众说纷纭，莫衷一是。它是一个含义模糊、范围不很确定的概念。尽管企业社会责任并没有一个单一的定义，但从本质上，其大致要旨还是较为明确的。上述论点都是彼此相关的，把它们放在一起，就代表了今天的基本主题——企业对社会的责任已超过其在传统的规范性经济模式的角色。企业管理者正设想他们的社会责任，同时争取最佳的大众形象。今天的企业已被认为是一个多目标的社会机构，具有多种角色，企业通过自由决定的商业实践以及企业资源的捐献来改善社区福利的一种承诺①，而不再是如过去一样只是赚取利润的机器。站在巨人的肩膀上，笔者将企业社会责任定义为企业为实现自身与社会的可持续发展，遵循法律、道德和商业原则，对利益相关者（雇员、消费者、债权人、环境、政府等）所负有的责任。

二　企业社会责任的特质

企业社会责任是企业对利益相关者所负有的责任，与他种责任相比，具有以下几方面的显著特征：

（一）企业社会责任以非股东利益相关者为义务相对方

在企业社会责任问题上，不存在像一般债权关系、合同关系上可以看到的与责任相对应的特定的权利人，正是这一点，成为企业社会责任的特点，又成为很难揭示其责任内涵的原因。社会利益的主体是社会公众，侵犯社会利益也就是侵犯社会公众的利

---

① ［美］菲利普·科特勒、南希·李：《企业的社会责任——通过公益事业拓展更多的商业机会》，姜文波等译，机械工业出版社 2006 年版，第 2 页。

益。如果笼统地以社会公众作为企业社会责任的相对人，必然会因为责任（义务）的相对方的不确定，而无法建立起落实企业社会责任的法律机制，从而使企业社会责任虚构化。[①] 按照各国的通常理解，企业社会责任的相对方是企业的非股东利益相关者，系指在股东以外，受企业决策与行为现实的和潜在的、直接的和间接的影响的一切人，具体包括雇员、消费者、债权人、所在社区以及资源和环境的受益者等方面的群体。企业社会责任的倡导者认为，非股东利益相关者在企业中存在利害关系，故企业对他们的利益负有维护和保障之责，非股东利益相关者也便成为企业社会责任的相对方。[②] 企业对股东原就负有直接的责任，此即实现股东利润最大化的责任；然因企业对股东所负有的实现利润最大化责任乃企业经济责任而不归入企业社会责任之列，故股东应是企业经济责任的相对方而非企业社会责任的相对方。

（二）企业社会责任是企业的法律义务和道德义务的统一体

"责任"一词常常包含两层含义：一是指一方主体基于他方主体的某种关系而负有的责任；二是指负有关系责任（即义务）的主体不履行其关系责任所应承担的否定性后果。前者为第一性义务，后者为第二性义务。尽管违反第一性义务将产生某种道义上的甚至法律上的否定性后果，但依各国学者的理解，第二性义务并未纳入企业社会责任这一范畴。企业社会责任中的"责任"

---

① 王玲：《经济法语境下的企业社会责任研究》，中国检察出版社 2008 年版，第 59—60 页。

② 卢代富：《企业社会责任的经济学与法学分析》，法律出版社 2002 年版，第 97—98 页。

仅指"第一性义务"（包括法律义务和道德义务），这在学界和实务界都是一个无可置辩的定论。[①] 此外，就第一性义务而言，企业社会责任不仅要求企业负有不威胁、不侵犯社会公共利益的消极不作为义务，更要求企业应为维护和增进社会公共利益的积极作为义务，而后者才是企业社会责任的要旨所在。从这一角度说，企业社会责任表现为一种积极责任。也就是说，企业社会责任是第一性义务，不包括不履行第一性义务所应承担的不利后果（第二性义务），同时企业社会责任的要旨是一种积极责任（积极作为的义务）。企业社会责任既有法律义务也有道德义务。换言之，企业对社会的法律义务和道德义务统一存在于企业社会责任项下，共同构成完整的企业社会责任。例如：环境保护是企业的一项具体的社会责任，企业按照环境保护法规定的标准预防和治理环境污染，此乃企业的法律义务；企业依照环境保护法的要求更为严格的标准来预防和治理环境污染，这是企业的道德义务。

（三）企业社会责任是对传统的股东利润最大化原则的修正和补充

企业社会责任并不否认股东利润最大化的原则，其主旨在于以企业的二元目标代替传统的一元企业目标。至于企业的利润目标和社会利益目标的冲突及其衡平问题，正是企业社会责任理论之提出和建构的出发点及归宿。企业社会责任是企业内生的，是企业经济利益的要求，不是一种外在的、强加的社会

---

① 卢代富：《企业社会责任的经济学与法学分析》，法律出版社 2002 年版，第 97 页。

负担。现代企业制度的确立，改变了整个社会结构，确立了企业在整个社会经济中的主导地位。一方面，企业的出现改变了社会生产的组织形式，使生产力的各个要素以不同于以往的方式在企业里面结合起来并发挥巨大的作用，从而使企业成为提供社会生存条件的最主要的方式与途径。另一方面，由于企业的存在，使得在企业中工作与生活成了人们的最基本的生存方式，或者说，企业成为个体生存的重要条件。从这些意义上看，企业承担着使现代社会存续与发展的重大使命。[①] 然而，传统的企业和企业法以股东利益为出发点，认为最大限度的盈利从而实现股东利润最大化是企业最高的、唯一的目标。企业社会责任则以社会利益为出发点，认为企业的目标并不唯一而应该是二元的，除实现股东利益外，还应尽可能地维护和增进社会公共利益。对企业来说，股东利益和社会利益任一目标都受到另一目标的约束，二者在相互制约的条件下实现各自的最大化，企业在目标上便能够达到一种均衡状态。"对社会负责并非意味着企业必须放弃其传统的经济使命，也不意味着对社会负责的企业比社会责任感相对较差的企业不具有相同的盈利能力。社会责任要求企业在可获得利益与取得利益的成本之间进行权衡"。[②]

---

① 周勇：《论责任、企业责任与企业社会责任》，《武汉科技大学学报》2003 年第 4 期。

② James E. Post, William C. Frederick, Anne T. Lawrence and James Weber, *Business and Society：Corporate Strategy Public Policy*, Ethics (Eighth) Edition, Mc Graw‐Hill, 1996，37.

（四）企业社会责任既是自律性的也是他律性的

艾尔斯和沃顿（Eells & Walton）提出责任中包括了自律性及本质上的他律性及必然性，亦为企业社会概念的另一特质。[①]然而，企业社会责任并不强调单纯的自律或他律。社会公众当然期望企业能够自律，自觉自愿地、主动地承担社会责任，这样成本最低。例如，勇于负社会责任的企业表现为在其经营过程中主动承担社会责任、遵守企业伦理规范。但是，遵守企业伦理规范还只是表面现象，不足以反映出自愿承担社会责任的企业与不愿承担社会责任的企业之间的区别。不愿承担社会责任的企业出于趋利避害的目的，有时也会遵守伦理规范，因为遵守伦理规范可能带来经济效益，而不遵守伦理规范则可能遭致损害。也就是说，由于考虑到不负责任的不道德行为迟早会招致利益相关者不同程度、不同形式的报复，从而可能会降低企业的获利能力，所以从经济利益的角度考虑，不愿承担社会责任的企业也可能会遵守社会责任及相应的伦理规范。从某种意义上而言，企业能够做到遵守伦理规范就已经足够了，因为要判断某一特定企业行为的真正动机是否完全出于社会责任感是不易的。有学者认为，只要某一特定企业行为有利于增进社会利益，不管企业对社会责任的认识是工具主义的态度，还是价值主义的态度，都应当认为企业已经承担了其对社会的责任。[②]

---

① R. Eells & C. C. Walton, *Conceptual Foundations of Business*, Third Edition 1974, 260.

② 刘俊海：《公司的社会责任》，法律出版社 1999 年版，第 9 页。

三　企业社会责任的分类

学者或企业家对"企业社会责任"的意涵的认知不同，决定了其对企业社会责任的分类也不相同。企业社会责任范围的探讨可分为两个层次：第一，概念层次的类别分析；第二，实证层次的项目分析。

（一）概念层次的类别分析

美国商会（U. S. Chamber of Commerce）将企业的社会责任分成四种层次：第一层责任，在履行经济功能时符合现有法律的要求；第二层责任，满足公认的公共期望和社会要求；第三层责任，预先考虑新的社会要求及准备满足它；第四层责任，在建立企业社会表现的新标准上担任领导者。由美国企业界及政治家组成的经济发展委员会（Committee for Economic Development, CED）提出了对企业的社会责任范围的看法，它认为企业社会责任的范围如同三个同心圆。内圈责任，指最基本的企业责任，即有效的执行经济功能，譬如：提供产品、劳务和经济成长；中圈责任，指配合社会价值之变化而运作经济功能的责任，譬如：顾及环境维护、满足顾客知情的权利及保护顾客的安全；外圈责任，指积极投入改善社会环境的责任，这类责任通常是刚展露而尚未被确定的社会期望。① 赛希（Sethi）将企业社会责任需要作反应的行为分成三类：社会责任，与盛行的社会规范、价值和期望相合的企业行为；社会义务，企业对市场力量和法律约束作反

---

① CED (1971)，"Social Responsibilities of Business Corporations"，New York：*Committee for Economic Development*，51.

应的行为；社会回应，企业对变化的社会需要作长期性准备的行为。[1] 斯蒂纳（Steiner）认为企业的社会责任可分成：内在社会责任，合法和公正地办理员工甄选、训练、升迁及解雇，以及提高员工的生产力或改善工人的工作环境；外在社会责任，指激发少数团体的创业精神，改善给付的公平，或训练及雇用残障失业者。[2] 弗雷德里克（Frederick）认为企业的社会责任可分为，强制性责任，政府法令规定的责任，例如：防治污染、维护就业机会均等、保护工业安全、保护消费者及承认工会；自愿性责任，包括慈善捐献，企业主管协助推展社区活动，提出解决国家和地方性问题的建议给政府作参考。[3] 卡罗尔（Carroll）将企业社会责任分为四类责任：经济责任，指生产社会所需的商品及服务，并且以社会认为公平的价格售出，因而获取适当的利润以促使企业生存、成长及回报投资者；法律责任，指遵守用来规范企业活动的法律；伦理责任，指社会期望企业负责，但尚未能以法律来规范的责任；自我责任，指非法律要求的及社会期待的，而是企业自愿承担的责任。[4] 埃德温（Edwin）将企业的社会政策程序（Social policy process）分成三类：企业道德，指企业行为必须符合道德规范；企业社会责任，指企业应了解与组织相关之特殊问题、期望

---

① Sethi, S. P. (1975), "Dimensions of Corporate Social Performance: An Analytical Framework". *California Management Review*. 18: 58—64.

② Steiner, G. A. & J. F. Steiner (1980), "Business, Government & Society", New York: *Random House*. M3.

③ Frederick, W. C. (1983), "Corporate Social Responsibility in the Reagan Era and Beyond", *California Management Review*, 25: 151.

④ Carroll, A. B. (1981), "Business and Societh", Boston: *Liattle, Brown and Company*.

及抱怨，并留意组织政策与组织行为，对于组织内部与外部利益团体的影响；企业的社会反应，指对于企业参与、反应及管理内外部利益团体之期待抱怨之能力，能发展出一套决策、执行与评估的程序。[①]

（二）实证层次的项目分析

美国"经济发展委员会"（CED）在 1971 年对企业人士"就管理观点而言，哪些项目是企业社会投入的适当范围？"进行调查，与此提出的一项调查报告，将企业社会责任项目归纳为，经济成长与效率，就业与训练，都市更新与发展，资源保护和创造，医疗服务，教育，污染防治，文化和艺术，政府以及公民权和机会平等。1975 年特里兹（Trends）研究在承担社会责任方面，将表现良好的壳牌（Shell）石油公司，为执行其"社会表现指南"（Social Performance Guidelines）订定八项领域作为推行方案及评估效果的参考。这八项领域为：消费者关系、环境保护、职业安全和卫生、员工发展、就业保障、少数民族及女性的机会平等、与企业的贡献者（constituents）沟通以及社区关系。[②] 葛朗宁在 1979 年亦整理出六十四项责任，并且将其归纳成十一种类别：生态及环境品质（污染）、消费者主义（产品和服务的品质）、社区需求（都市的衰落）、政府关系（支持慈善机构）、企业贡献（高生活成本）、经济活动（公司利润）、少数民族和残障者（女性及残障者失业问题）、劳工关系（工作的自我

---

① Edwin，D，(1987)，"Who Wants Corporate Democracy?" *Harvard Business Review*, Sept. – Oct.

② Trends (1975)，"Corporate Social Responsibility Precisely Befined At Shell"，Nov – Dec. , 18—19.

实现）、股东关系（垄断的企业）、沟通（雇用少数民族）和国家需求的研究发展（教育素质）。① 1981 年"经济发展委员会"委托有关学者进行了一项广泛的调查，受访对象为美国 284 家大型企业，要求他们以前次调查发现的十个活动项目为范围，指出自己公司投入金钱及时间较多的项目，结果发现投入较多的项目依序为：保障少数民族的就业及升迁机会；对学校的财物协助，包括奖学金、赠款等；积极雇用残障者或有其他缺陷者；改善工作或职业机会；装设现代防治污染设备。② 1992 年，社会责任商业联合会（Business for Social Responsibility，BSR）认为企业的运营达到或超越社会对商业组织在道德、法律、商业和公众等方面的期望。其内容包括：员工关系，创造及维持就业机会，投资于社区活动，环境管理以及经营业绩等。③ 2003 年，世界经济论坛指出作为企业公民的社会责任包括四个方面，好的公司治理和道德标准，对人的责任，对环境的责任以及对社会发展的广义贡献。④

综合上述机构和学者关于企业社会责任的分类，笔者按照利益相关者主体范围的不同，将企业社会责任分为对雇员、消费者、社区、环境、政府等方面的责任。

---

① Gruning，J. E. (1979)，"A New Measure of Public Opinions on Corporate Social Responsibility"，*Academy of Management Journal*，22：718—764.

② Carroll，A. B. (1981)，"Business and Societh"，Boston：*Liattle，Brown and Company*.

③ 资料来源：http://chinawto.mofcom.gov.cn/aarticle/by/ca/200701/20070104268662.html。

④ 资料来源：http://www.cfcsr.org/news.asp? smallclassid=29&id=316。

第二节　企业社会责任的近代思想演进

"任何概念都拥有自身的历史，它们不能抵抗时代的变化"。① 企业社会责任思想自提出之日起就是一个充满争议的话题，虽说探察思想真谛殊为不易，但其过程之艰辛、斗争之复杂、手段之激烈却让企业社会责任从一开始就成为一座类似于矗立在帕拉丁山和阿文丁山之间的莫尔西亚山谷中的古罗马大斗技场。② "则社会思想，进居主干，天道性命之说，退为旁支。由凭虚而趋实证，由个人而至社会，由惟理惟物而至惟行，此950年来思想嬗变之趋势，昭然若揭也。"③ 企业社会责任的提出已有很长的时间，然而相关正式的文献在20世纪50年代才大量出现。20世纪50年代以后的企业社会责任思想潮流的演进，可分为企业社会责任的开端、发展、扩散、延伸、移转和新发展六个时期。

一　企业社会责任思想的开端

1953年，鲍恩（Bowen）的划时代著作《商业的社会责任》被公认为标志着现代企业社会责任概念构建的开始。早在1916年，被称为早期孤独思想者的芝加哥大学教授克拉克（J. Maurice Clark）在《政治经济学刊》上发表《改变中的经济责任的

---

① ［德］魏德士：《法理学》，丁小春、吴越译，法律出版社2005年版，第81页。
② 沈洪涛、沈艺峰：《公司社会责任思想起源与演变》，上海人民出版社2007年版，第27页。
③ 陈钟凡：《两宋思想述评》，东方出版社1996年版，第5页。

基础》一文中写道:"迄今为止,大家并没有认识到社会责任中有很大一部分是企业的责任"。[①] 唯一遗憾的是,克拉克虽然最早提出了企业社会责任的思想,但他并没有给出企业社会责任相应的定义。直到近 40 年后,鲍恩才首次明确了企业社会责任的概念,他也因此被尊为"企业社会责任之父"。鲍恩认为,商人自愿承担社会责任是改善经济问题和更好地实现我们追求的经济目标的可行方法。他将商人的社会责任,定义为商人具有按照社会的目标和价值观去确定政策、做出决策和采取行动的义务。[②] 鲍恩关于企业社会责任的概念包含了三个部分的重要内容。第一,强调了承担企业社会责任的主体是现代大企业。第二,明确了企业社会责任的实施者是企业管理者。第三,鲍恩提出了企业社会责任从属于自愿原则。鲍恩在 1953 年正式确立了现代企业社会责任,并非偶然。当时正值现代企业迅猛发展的时期,企业在社会中的崛起引起了人们的广泛关注,加之两权分离和管理者资本主义的诞生,鲍恩提出的企业社会责任概念引发了大家对企业社会责任概念的热烈探讨,争论延续至今。因为,企业社会责任不是企业的灵丹妙药,但却是未来企业走向成功的重要指导方针之一。

二 企业社会责任思想的发展

不少学者在鲍恩提出企业社会责任概念的基础上,进一步发

[①] 沈洪涛、沈艺峰:《公司社会责任思想起源与演变》,上海人民出版社 2007 年版,第 48 页。

[②] Bowen, Howard R., "Social Responsibilities of the Businessman", New York: *Harper & Row*, 1953, 6.

展和完善了企业社会责任的概念，其中最具代表性的是亚利桑那州立大学的管理学教授戴维斯。他认为企业社会责任具有两面性：一方面，企业社会责任具有经济性；另一方面，企业社会责任具有非经济性，商人同时负有培养、发展和完善人类价值观的责任，这是一种截然不同的一类社会责任，是无法用经济价值的固定标准进行衡量的。① 从而，他归纳出责任与权力形影相随的论点，这一观点产生了所谓的"责任铁律"（Iron of Law）。② 那么，企业应该如何满足人类的其他需求？概括戴维斯的观点，就是企业在承担"社会—经济"责任的同时还要承担"社会—人类"责任，也就是企业对社会的责任不仅仅局限于经济性方面，还包括非经济性方面的内容。戴维斯在企业社会责任定义方面的贡献，为他赢得"企业社会责任亚父"的荣誉称号。1960 年代是企业社会责任文献非常丰富的一个时期，很多学者也对企业社会责任提出了自己独到的看法和见解。弗雷德里克认为，企业社会责任意味着企业及其管理者应该以能够满足公众预期的方式运行，也即企业生产经营活动应以增进社会经济福利为目标。③ 迈克奎因首次将企业所应承担的责任区分为经济责任、法律责任和社会责任三种。④

---

① Davis，Keith，"Can Business Afford to Ingore Social Responsibilities?"，*California Management Review*，2，1960，70—76.

② Davis，Keith，"Understanding the Social Responsibility Puzzle：What Does the Businessman Owe to Society?"，*Business Horzon*，Winter，1967，45—50.

③ Frederick W C.，"The Growing Concern over Business Responsibility"，*California Management Review*，Summer 1960，54—61.

④ Mcguire J W，"Business and Society"，New York：*McGraw - Hill*，1963，144.

这一时期的企业社会责任思想强调企业社会责任仅仅是企业所应承担的各种责任中的一种，从而将企业社会责任与企业所应承担的其他不同性质的责任，尤其是经济责任明确地区分开来。有学者将企业社会回应出现之前，即 20 世纪 70 年代之前的各类早期的企业社会责任的概念和思想界定为狭义的企业社会责任。[①]

三　企业社会责任思想的扩散

企业社会回应（Corporate Social Responsiveness）是关于企业社会责任的另一表达用语，是行动导向的企业社会责任形式。

（一）阿克曼（Ackerman）和鲍尔（Bauer）的行动观点

阿克曼和鲍尔是这样批评企业社会责任一词的，"'责任'的内在含义是承担义务，它侧重于动机而不是行为"。[②] 而对社会需求的回应不应只是考虑"该做什么"，而是考虑"做什么"的问题。他们认为"社会回应"是一个对社会活动舞台本质的最恰当描述，因为回应意味着活生生的、有目标导向的行动。同时，他们把企业对社会需求的回应过程分为三个阶段：第一个阶段为认识阶段，第二个阶段为专人负责阶段，第三个阶段为组织参与阶段。

（二）赛希（Sethi）的三个活动领域论

赛希运用了另外一种不同的方法从社会责任那里去提炼对社会回应的新认识，认为企业必须深有远见且能够防患于未然。为了对回应社会需要的企业的行为进行分类，他提出了一种三个活

---

① 沈洪涛、沈艺峰：《公司社会责任思想起源与演变》，上海人民出版社 2007 年版，第 47—48 页。

② Robert Ackerman and Raymond Bauer，*Corporate Social Responsiveness：The Modern Dilemma*（Reston，VA：Reston Publishing Company，1976），6.

动领域的新见解，第一阶段为企业社会义务阶段。企业社会义务是指企业对市场的影响力量和法律的约束力量予以回应的行为。第二阶段为企业社会责任阶段。企业社会责任意味着使企业的行为能够跟得上通行的社会规范、价值观念和期望所要求的水平。第三阶段为企业社会回应阶段。企业社会回应并非指企业应该如何回应社会压力，而是指它们在一个动态社会系统里的长期作用是什么。①

（三）弗雷德里克（Frederick）的企业社会责任和企业社会回应

弗雷德里克关于企业社会责任的著名论文《从 CSR1 到 CSR2：企业与社会思想的成熟》一文中指出，企业社会回应指的是企业回应社会压力的能力。对社会有实实在在的回应行动，或者抱着一种实实在在的回应态度，这是问题的焦点所在。他认为重视在组织中寻找方法、程序、办法和可行方法，就使企业或多或少地具有对社会压力予以回应的能力。② 这是弗雷德里克对企业社会责任和企业社会回应作出的区别。企业社会责任主要回答"为什么？是否？为谁的利益？根据什么道德准则？"等问题。企业社会回应重点在于回答"如何？什么方法？产生什么效应？根据什么操作指南？"等问题。

（四）卡罗尔（Carroll）的企业社会责任定义

与阿克曼、塞希和弗雷德里克不同，卡罗尔并不认为企业社会回应可以取代企业社会责任，他认为企业社会回应固然是有别

---

① S. Prakash Sethi, "Dimensions of Corporate Social Performance: An Analytical Framework", *California Management Review* (Spring 1975), 58—64.

② William C. Frederick, "From CSR1 to CSR2: The Maturing of Business－and－Society Thought", *Business and Society*, Vol. 33 (2), 153.

于企业社会责任的另一个概念，只是各有侧重，却同等重要。卡罗尔包括四个方面的企业社会责任定义试图把社会对企业的经济、法律期望与一些更具社会导向性的关系联系起来，他认为企业社会责任意指某一特定时期社会对组织所寄托的经济、法律、伦理和自由（慈善）的期望。[①] 第一个方面是经济责任，强调的是获利，它是所有上层责任的基础。第二个方面是法律责任，社会通过一套管制商业活动的法规，规范公司应有的权利与义务，给予企业社会及法律的正当性，企业若要在社会上经营，遵守这些法律是企业的责任，它是所有社会责任的必要条件。第三个方面是伦理责任，法律虽然重要，但并不足够，即使有些活动和行为并没有诉诸法条内，但伦理责任可以弥补社会成员对于企业所期待的或禁止的事。第四个方面是自由（慈善）责任，此责任是企业发自自愿的责任。

四　企业社会责任思想的延伸

20 世纪 80 年代多数学者试着去衡量与研究企业社会责任以及其他架构，比较有代表性的是卡罗尔三维概念模型，沃蒂克和科克伦（Wartick and Cochran）对企业社会表现的拓展认识、伍德（Wood）对企业社会责任表现的进一步阐述以及斯汪森（Swanson）对企业社会表现的重新建模。

（一）卡罗尔的企业社会表现三维概念模型

卡罗尔著名的《公司表现的三维概念模型》一文成为企业社

---

① Archie B. Carroll, "A Three-Dimensional Conceptual Model of Corporate Social Performance", *Academy of Management Review*, Vol. 4, No. 4, 1979, 497—505.

会表现研究领域的经典，并成功地为企业社会表现构建了第一个框架模型。① 第一纬度企业社会责任类别包括：经济责任、法律责任、伦理责任和自由（慈善）责任。第二纬度社会回应的连续体，例如反应、防御、适应和主动寻变。企业社会回应是一个从反应、防守、适应到寻变的连续过程。第三纬度有关联的社会问题，企业不仅需要明确社会责任的性质，例如经济的、法律的、伦理的以及慈善的，而且还必须确定与这些社会责任相关的社会问题或者领域。例如，消费者主义、环境以及歧视等企业必须处理的社会问题。卡罗尔的企业社会表现三维概念模型普遍被认为是对于企业社会表现研究的一种进步，引进了一种新的研究框架，既有可理解性又有综合性。他的三维概念模型为企业社会责任研究从狭义的企业社会责任、企业社会回应到企业社会表现提供了一座过渡的桥梁。②

（二）沃蒂克和科克伦对企业社会表现的拓展认识

沃蒂克和科克伦提出了一个关于企业社会表现的经典定义：企业社会表现反映了企业社会责任准则、企业社会回应的过程和用于解决社会问题的管理之间的相互作用。③ 表 3 归纳了沃蒂克和科克伦对企业社会表现所做的拓展认识。④

---

① Carroll，Archie B.，"A Three - Dimensional Conceptual Model of Corporate Performance"，*Academy of Management Review*，Vol. 4（4），1979，502—504.

② 沈洪涛、沈艺峰：《公司社会责任思想起源与演变》，上海人民出版社 2007 年版，第 90 页。

③ Wartick，Steven L.，and Cochran，Philip L.，"The Evolution of the Corporate Social Performance Model"，*Academy of Management Review*，Vol. 10（4）. 758.

④ Ibid.，p. 767.

表 3   沃蒂克和科克伦对企业社会表现的拓展认识

原则	过程	政策
企业社会责任	企业社会回应	社会问题管理
（1）经济责任 （2）法律责任 （3）伦理责任 （4）自由决定责任	（1）反应 （2）防御 （3）适应 （4）寻变	（1）问题确认 （2）问题分析 （3）回应形成
针对	针对	针对
企业的社会契约	回应变化的社会环境的能力	尽可能避免"意外事件"
宗旨导向	制度导向	组织导向

（三）伍德对企业社会表现模型的进一步阐述

伍德对卡罗尔模型、沃蒂克和科克伦的拓展认识做了更详细的说明和进一步的阐述，进而提出了一个新构设的模型。利用沃蒂克、科克伦的拓展认识，他对企业社会表现做出了一个很可取的定义。企业社会表现是指一个企业组织的社会责任原则、社会回应过程的确定和政策、方案的构成，以及当它们与企业社会关系相联系时所产生的可以观察的结果。①

（四）斯汪森对企业社会表现的重新建模

斯汪森对伍德提出的原则、过程和结果的动态性质做了详细的说明，她调整后的模型将企业社会表现与主管和其他雇员个人所特有的价值观和伦理规范联系起来，依据这些逻辑思路，斯汪森提出了主管的道德意识对环境评估、利益相关者管理和问题的

---

① Wood，Donna J.，"Corporate Social Performance Revisited"，*Academy of Management Review*，Vol. 16（4），393.

政策和规划有着重要的影响。① 具体包括如下三个方面，第一，扩大了企业社会责任原则的内容。她认为企业社会责任原则必须能够将经济观和责任观结合成一个可以从规范性的立场来评估企业社会表现的标准。第二，斯汪森对企业社会表现的重新建模将主管人员的决策和雇员的执行与企业文化联系在一起，因为主管人员和雇员在企业对环境的反应过程中管理着公司的文化。第三，社会影响表现为企业经济化、生态环境化和权力追求的增加或者减少。

五　企业社会责任思想的移转

（一）企业社会表现与财务绩效的结合

这一时期，在企业社会责任与企业财务绩效之间关系的研究上，形成的看法很不一致，先后出现过三种不同的观点或者假设，其中最为流行的一种观点是确信勇于承担社会责任企业的盈利能力是最强的。对于那些主张社会表现概念的人而言，他们显然愿意这样想——社会表现能够促进财务绩效、企业声誉的提高。假如能够证明这一点——对社会负责任的企业，其财务状况和声誉一般都较佳——企业社会表现观点的正确性就得到进一步肯定，连一些对这一观点持批评意见的人也不得不信服。②

---

① Swanson D. L., "Addressing a Theoretical Problem Bay Reorienting the Corporate Social Performance Model", *Academy of Management Review*, Vol. 20（1），1995，43—64.

② ［美］阿奇 B. 卡罗尔、安 K. 巴克霍尔茨：《企业与社会伦理与利益相关者管理》，黄煜平、朱中彬等译，机械工业出版社 2004 年版，第 37 页。

（二）"三重底线"概念

"三重底线"概念最早是由英国学者约翰·埃尔金顿提出的。1997年，约翰·埃尔金顿出版了《拿叉子的野人：二十一世纪企业的三重底线》一书，"三重底线"开始为人们所重视，逐渐成为企业社会责任的基础。该理论认为，企业的行为不仅要考虑经济底线，还应当考虑社会底线和环境底线。[①]

（三）企业社会责任与相关利益者理论的结合

相关利益者概念的出现明显要晚于企业社会责任，两者也有相互独立的研究领域，企业社会责任主要研究企业对社会所承担的责任，而相关利益者理论则主要研究企业与各利益群体之间的关系。然而，20世纪90年代两大理论却出现了全面结合的趋势，究其原因，一方面，相关利益者理论为企业社会责任研究提供了理论依据；另一方面，企业社会责任研究为相关利益者理论提供了实证检验的方法。[②]相关利益者理论对企业社会责任研究的贡献在于：一是明确了企业社会责任的含义；二是找到了衡量企业社会责任的正确方法；三是为企业社会责任提供了一种理论基础。在相关利益者理论研究中引进企业社会责任研究，其根本原因在于它能够在实证检验方面对相关利益者理论研究提供支撑。

六　企业社会责任思想的新发展

进入21世纪，随着企业品行和企业公民概念的提出，企业

---

① 张彦宁、陈世通：《2007年中国企业社会责任发展报告》，中国电力出版社2008年版，第13页。

② 陈支武：《企业社会责任理论与实践》，湖南大学出版社2008年版，第17页。

社会责任思想又有了新的发展。

（一）企业品行

企业品行意味着这些组织为了被视为是好企业公民而必须承担一定的社会责任。企业品行被学者描述为广义、涵盖面宽的术语，企业社会责任、企业社会回应以及企业社会表现这三个概念所涉及的基本意思都可为其所包括。福姆布鲁认为，企业品行包含三层意思：一是，它是关于道德和伦理的共同原则的看法；二是，它是使个人融进其工作所在群体的工具；三是，它主张企业对自我利益的追求要恰当考虑到所有利益相关者的要求，并要着眼于长远的发展。①卡罗尔重申了他的"企业社会四类责任就可看做是企业品行的四个构成方面"——经济品行、法律品行、伦理品行和慈善品行。企业品行就是由每个方面或每个责任的综合表现决定的。②好的企业品行可给利益相关者带来利益，这是不言而喻的。企业品行这一术语有着特别的吸引力，因为它十分强调企业努力开展回应社会的社区活动。我们有理由相信，随着时间的推移，这一概念将得到广泛传播。

（二）企业公民

虽然直到20世纪90年代学者才开始关注企业公民概念，大量的研究更是在进入新世纪后才进行的，但在此之前，企业公民

---

① Charles J. Fombrum, "Three Pillars of Corporate Citizenship", in Noel Tichy, Sndrew McGill, and Lynda St. Clair (eds.), *Corporate Global Citizenship* (San Francisco: The New Lexington Press), 27—61.

② ［美］阿奇 B. 卡罗尔、安 K. 巴克霍尔茨：《企业与社会伦理与利益相关者管理》，黄煜平、朱中彬等译，机械工业出版社 2004 年版，第 36—37 页。

这个词早已在公司实践中得到了广泛应用。[①] 到目前为止，出现了以下三种较具代表性的企业公民定义：一是有限的观点，即企业公民的含义与企业慈善活动、社会投资或对当地社区承担的某些责任相近；二是与企业社会责任类似的、最普遍的观点，以卡罗尔的观点为代表，即"有社会责任的企业应该努力创造利润、遵守法律、遵循道德并作为一个好的企业公民"；三是延伸的观点，即企业对社区、合作者、环境都要履行一定的义务和责任，责任的范围甚至延伸至全球。

第三节　企业承担社会责任的模式及推动机制

一般而言，企业作为以赢利为目的的经济组织，不仅承担着经济责任，同时也承担着社会责任。在实践中，企业社会责任模式从企业消极对抗到积极采取行动的过渡中表现出来。下面是四种不同的企业承担社会责任模式。

一　企业承担社会责任的模式

（一）漠视社会责任模式

在这种模式下，企业的经济责任和社会责任是完全对立的，企业没能甚至不愿意按照社会责任方式行动。它具体分为两种情况：一是站在社会责任立场上，完全忽略或排斥企业的经济责任；二是站在经济责任立场上，全盘否定企业的社会责任。持这

---

① 沈洪涛、沈艺峰：《公司社会责任思想起源与演变》，上海人民出版社 2007 年版，第 211 页。

一观念的企业，尽力躲避或隐瞒自己的不负责任行为，在社会上造成极坏的影响，对此应当予以根本性的否定。

（二）被动承担社会责任模式

这一模式亦有两种情况：一种情况是虽不赞成唯利是图，但对社会责任也不感兴趣，持有消极态度，认为社会责任与企业无关，甚至从未思考过和意识到社会责任的问题。另一种情况是站在经济自由主义的立场上认为，企业管理的目标就是利润最大化，而不必或不应当考虑社会责任。让企业承担社会责任是多余的，不恰当的，甚至是有害的。此类观点的理由是，市场是完全竞争的，企业的决策是完全理性的，而企业为了赢利，就必须以最有效的方式提供社会所需要的产品。为此，企业在追求利润最大化的同时，也必然增进社会福利。然而事实证明，市场不是万能的，没有完全竞争的理想市场，竞争主体也不是绝对意义上的平等，企业的决策无法走出非理性的阴影，所有这些都表明社会责任是企业所必须关注的问题，一旦忽略或者抵触必将自食其果。

（三）积极承担社会责任模式

积极承担社会责任模式是企业在承担经济责任和法律责任的基础上，积极服从于和服务于社会的整体利益，对所有的利益相关者承担道义上的责任。经济责任与社会责任是并行不悖、相辅相成的。其主要理由是：一是企业承担一定的社会责任是一种长期的自利行为。承担社会责任将会为企业提供和谐的外部经营环境，树立良好的形象，吸引优秀的人才，并能通过社会的合作与监督来规范企业行为，改善内部管理，从而提高经济效益。二是利益相关者对企业的影响越来越大，面对环境的变化和公众的要求，企业需更多地关注社会责任。三是企业是经济组织，同时也是社会组织。企业的生存和发展离不开社会的进步，因此企业不仅要追求自己的经济利益，同时也要勇于承担社会责任；不仅要促进经济的繁荣，同时也要推动社会的全面发展。四是企业应充分运用自身的影响力，在社会中发挥积极的作用。

（四）策略性承担社会责任模式

企业需要透过策略性的视野去洞察企业社会责任。有效的策略结果是提供企业永续经营与获致竞争优势的来源。为了任何永续的竞争优势，策略被实现的方式是以社会所接受的最低限度为基础。否则，社会、法律和其他力量，可能会协议反对企业，或利用诉讼惩处一个制造并排放污染的企业。威瑟和简德（Werther and Chandler）针对策略性企业社会责任，提出了环境—策略—能力—结构（Environmental - Strategy - Competency - Structure，ESCS Framework）的架构①，强调企业策略可作为强化永续竞争优势的提供者，然而其必须与企业内部能力（优势与劣势）及外部环境（机会或威胁）紧密结合，那么这种策略性地承担社会责任的模式将是非常有效的。

1. 环境内容。顾客、竞争者、经济、技术、政府机关、社会文化及其他要素皆是驱使公司改善的外部环境因素。但是这些改变是逐渐和逐步地改变企业全貌，当累积到某一程度之后，就必须重新定义竞争环境、组织策略及社会认为可接受的内容。

①　Werther，Jr. W B. and D. Chandler，*Strategic Corporate Social Responsibility Stakeholders in a Global Environment*，Sage Publications，London，UK. 2005.

2. 能力（Competencies）。为了让企业逐渐具有优势，企业必须能够去鉴别并保有这些能力。这些优势代表企业与外部环境竞争的关键因素，因此有必要针对此不同能力所衍生的优势进行说明。这些能力包括一般能力（capabilities）、专业能力（competencies）和核心能力（core competencies）。首先，一般能力是指一个企业可以做的行动（action），例如付账和生产一些具有附加价值的产品或服务。其次，专业能力是指一个企业可以做和可以做得很好的行动。最后，核心能力是指一个企业可以做得很好且在履行行动上是很优越的，且这些行动对其他竞争企业而言，履行上是困难的（至少是要花费很多时间的）。

3. 策略（Strategy）。企业的愿景是为利益相关者提供最好的客户价值，并透过策略来达到节约成本，获取最大化利润和价值的策略。接下来，是将策略建立于专业能力和核心能力之上，将策略视为竞争优势的武器。因此，企业应该关注如何把它的专业能力与策略整合，藉由与利益相关者面对面的过程去观察社会的需求，进而去展开策略，善尽社会责任。这就是企业的策略性社会责任。

4. 结构（Structure）。结构乃指组织的设计，其存在目的在于支持企业的策略，其类型因功能而不同。因此，企业总是全神贯注在功能性的组织设计上，将场址地点、信息系统、储仓、分配、公司运营，及其他团体活动等，整合进入特殊的部门。这个组织（特殊的部门）以必要的功能去执行它的成功策略，如此也称作功能型组织设计（Functional organization design）。例如，企业中的不同部门会追求不同的结构设计，例如企业的社会责任部门、市场营销部门等。

虽然企业承担社会责任是企业策略中的一小部分内容，如果该策略的执行被认为是不负责任的，即使是最聪明的策略也会导致失败的结果。那么，这种策略选择下的企业社会责任自然也就不尽如人意。策略性企业社会责任中不可或缺的是企业应思考社会和利益相关者间的关联，以及企业的经营方向。策略性企业社会责任就像企业的过滤器，是一种概念式筛选，意指企业就策略上所形成的决定，是以企业对不同利益相关者的"冲击"作为评价基石，以筛选出符合社会及企业需求的策略。此目的在于产生一个可执行的策略，并使其执行的结果对各利益相关者会有最适当的、合法的效果。

二　企业承担社会责任的推动机制

企业迫于内外部压力而承担社会责任，这种压力主要来自两个方面：一是不同层次的法律法规和规则体系，二是伦理道德规范体系。从法学的角度看，企业行为一方面受到以法律为代表的制度的约束，另一方面也受到以伦理道德规范为代表的非正式制度的约束。在正式制度和非正式制度的共同约束下，企业不得不承担社会责任。

（一）法律法规推动企业承担社会责任

作为推动和强制企业承担社会责任的正式约束，法律法规一方面为企业承担社会责任确定了明确的边界与范围，另一方面也为企业提供了公平的竞争环境，从而杜绝企业通过放弃承担社会责任（例如雇用童工、直接排放有害废弃物等）获得利益。从是否具有强制性特征的角度看，推动企业承担社会责任的法律法规可以区分为以下两类：

1. 鼓励企业承担社会责任的国家法律法规

从 20 世纪 30 年代开始，美国支持和鼓励企业承担社会责任的制定法律法规就在不断增加。1936 年，美国国会修订《国内税收法典》，明确规定企业在慈善、科学、教育等方面的捐赠可予扣减所得税，扣减额最高可达企业应税收入的 5%。这一规定为美国企业承担社会责任提供强有力的经济刺激。美国各州公司立法也日益朝着支持和鼓励企业承担社会责任的方向发展。此外，美国律师协会（American Bar Association，ABA）在 1969 修改《示范商事公司法》时，也对企业捐赠做了授权性规定，即企业有权为公共福利或慈善的、科学或教育的目的而捐赠。美国鼓励和支持企业承担社会责任的立法运动在 20 世纪 80 年代和 90 年代达到了高潮。

2. 强制企业承担社会责任的国家法律法规和国际公约

（1）强制企业承担社会责任的国家法律法规

在雇员权益保护方面，美国从 20 世纪 30 年代开始经历了三次立法高潮。第一次立法高潮主要是赋予工人通过参加工会争取和维护自身权益的权利，并将劳动关系的标准和规则具体化。1932 年美国制定的《反强制法令案》就是这一时期立法的典型代表。第二次立法高潮时期，美国正式通过了《雇员权益保护法案》，1963 年通过的《工资平等法案》就是其中的典型代表。第三次立法高潮时期，美国将雇员权益的保护范围扩展到细节性的就业问题，1990 年通过的《美国残疾人法案》就明确规定了企业不得歧视残疾人就业。

在消费者权益保护方面，美国通过了一系列维护消费者利益的法案，例如 1938 年通过的《联邦贸易委员会法》惠勒利修正案。20 世纪 60 年代，在消费者运动以及其他力量的推动下，一系列强制企业承担更多消费者责任的立法也得以通过，例如 1966 年制定的《公平标签和包装法》、1969 年制定的《保护儿童和玩具安全法》等。进入 20 世纪 70 年代，消费者运动则成为 20 世纪 70 年代消费者立法得以通过的最重要力量，这一时期通过的立法，例如 1970 年制定的《大众健康禁烟法》、1972 年制定的《消费品安全法》等。

（2）强制企业承担社会责任的国际公约

在雇员权益保护方面，雇员权益保护国际公约源于 20 世纪 50 年代以来 GATT[①] 框架下劳工标准问题的争论。在劳工权益保护方面，国际劳工组织于 1998 年 6 月，通过了《国际劳工组织关于工作中的基本原则和权利宣言》。在 1999 年 1 月的世界经济论坛上，联合国前秘书长科菲·安南提出"全球契约"计划[②]，并于 2000 年 7 月正式启动该计划。"全球契约"的核心是要求企业在各自影响范围内遵守、支持以及实施一套在人权、劳工标准及环境三个方面的九项基本原则。在消费者权益保护方面，进入 20 世纪 70 年代以后，消费者保护的国际立法开始兴起。消费者保护的国际公约主要有 1972 年的《关于产品责任法律适用的公约》、1980 年的《控制限制性商业行为的多边协议的公平原则和规则》、1985 年的《保护消费者准

---

① GATT，英文全称为 General Agreement on Tariffs and Trade，中文译名《关税与贸易总协定》，简称关贸总协定。它既是一整套关于关税和贸易措施的通行法规，又是进行多边贸易谈判和解决缔约方贸易争端的国际机构。

② "全球契约"是联合国前秘书长科菲·安南在 1999 年的世界经济论坛发言中首次提出的，2000 年 7 月 26 日在纽约联合国总部正式成立。该盟约鼓励企业或组织积极承担社会责任，并促使商业社会成为解决全球挑战的一部分。

则》等。

(二) 伦理道德规范推动企业承担社会责任

企业迫于法律规范而承担社会责任仅仅满足了社会对企业最低程度的预期。企业仅仅在法律的强制下承担社会责任显然难以满足公众对企业的要求。企业违反法律法规将被剥夺生存与发展的机会，但企业仅仅遵守法律法规并不足以确保企业更好地存续。在现实经济活动中，企业往往并非因为触犯法律法规而被逐出市场，而更多的是在日益强大的社会舆论和公众压力下走向没落和崩溃。法律法规作为正式约束通过惩治、威慑强制企业承担社会责任也具有明显的缺陷。首先，类似市场失灵、政府失灵，现实经济与社会生活中也广泛地存在着法律失灵现象。法律失灵一方面体现为执法者徇私枉法而导致法律失效，另一方面体现为法律等正规制度只能细化到一定程度，不可能事无巨细地加以规定。其次，法律在本质上是反应性的或滞后性的，法律法规很少能够预见问题，而只能对已经出现的问题作出被动反应，通常其反应的速度又是极其缓慢的。第三，法律约束必须遵循严格的程序，避免造成较大的资源耗费。第四，企业行为评判标准在现实社会中的体现总是处于不断发展变化之中，企业的某个行为在过去可能不成问题或为人们所忽略，但在今天则可能变为尖锐严重的社会问题。法律失灵、法律约束滞后以及企业行为评判标准的多变性使得企业行为缺乏必要的控制和监管，从而为社会舆论以及伦理道德规范约束企业行为提供了可能性和必要性。与法律等正式约束相比，伦理道德规范具有两个重要特点：一是伦理道德规范是一种非正式制度规范。伦理道德规范一般不是颁布、制定或规定出来的，而是处于同一社会或同一生活环境的人们在长期的共同生活过程中逐步积累形成的要求、秩序和理想，它常常体现于人们的言行举止之中。二是伦理道德规范是一种非强制性规范。非正式制度性特征和非强制性特征使道德规范在约束企业行为方面具有独特而不可替代的作用。因此，道德规范通过社会舆论和内心情感信念，以善、恶、好、坏为标准去评价和规范社会经济主体的行为，它对经济主体行为和社会关系的调整在某些时候比法律规范更为广泛和及时。康德提出，"在世界之中，一般的，甚至在世界之外，除了善良意志，不可能设想一个无条件的东西。"① 企业以善良的道德规范出发，善尽社会责任也是对社会的莫大贡献。

第四节　企业社会责任的研究路线

一　企业社会责任的经济学研究

经济学研究路线主张企业承担社会责任并不排斥企业以追求正当的经济效益为主要目的。事实上承担社会责任的企业应尽量去从事既有较高的道德价值又能带来较高的经济效益的事业，这样企业既承担了社会责任又获得了经济效益，而且从现实的经济角度来看，承担社会责任的企业有着良好的经济价值收益。经济学研究路线认为：第一，企业承担一定的社会责任

---

① ［德］康德：《道德形而上学原理》，苗力田译，上海人民出版社1986年版，第42页。

表明了企业的责任感，这能带来社会公众的认同，为今后的发展和获得更大的潜在利润埋下伏笔。第二，企业承担一定的社会责任的同时，向社会、竞争对手展示了企业的经济实力。第三，企业承担社会责任是一种实施由利润驱动的社会行为，也就是所谓的"起因相关营销"。通过关注公益事业，例如教育、慈善事业等，企业承担更宽泛的社会责任，为自己树立一个好的社会公众形象，从而起到"营销诱饵"的作用。第四，企业承担社会责任一个非常重要的方面就是换取政府强有力的支持。公众对政府在承担社会责任方面的角色期待有时会使政府陷入一种角色冲突之中，这时企业的社会参与将会帮助政府摆脱困境，减轻政府来自于社会公众的压力。企业承担了一部分有利于政府实施宏观政策的社会责任，相应地就会获得政府对其社会参与行为的积极认同，在制定和实施政策上向其倾斜，对其发展给予支持，有利于"利润最大化"的实现。上述都是企业社会责任的经济学研究路线关注的内容。

经济学研究路线主要以企业承担社会责任可以为其带来更大的利润为基点，探讨企业承担社会责任的合理性与科学性，进而消除企业的疑虑和不安。其主要的贡献在于为企业承担社会责任和实现经济效益之间找到了利益平衡点和理论支撑点。

二　企业社会责任的管理学研究

从管理学上分析，企业管理主要追求的是以尽可能少的人力、物力、财力消耗实现尽可能多的收益，企业社会责任恰恰是实现这一目标的有效途径，它逐渐成为企业发展战略的一部分，有助于企业处理好与消费者、债权人及政府的关系，减少管理的复杂性，降低企业的交易成本等，使企业以尽可能少的成本实现尽可能多的收益。因此，企业社会责任是推动企业发展不可或缺的重要力量。管理学研究路线认为：第一，企业承担社会责任可以增强企业的差异化优势。企业要在竞争中立于不败之地，必须具备标新立异的竞争资源，例如一致性、创造性、安全性和商业道德等。第二，企业承担社会责任可以提升企业的信誉度。人无信不立，企业无信不长，诚信是企业解决问题、承担责任和获得发展机遇的基础和保证。第三，企业承担社会责任有助于建立良好的客户及员工关系，提高企业的市场占有率。第四，企业承担社会责任可以保持企业的活力和优势的社会地位。第五，在经济全球化的今天，企业承担社会责任可以增强企业的国际竞争力。

管理学研究以如何不断提升企业的竞争力，形成持续竞争优势为其研究的主要内容。企业竞争力是企业生存与发展的一种基础和源泉，蕴含于企业内部，它是一种无形的综合的力量，是企业资金、技术、人力资源、产品、企业形象、宏观政策等诸多力量的集合。企业社会责任能够成为有效的企业资源，协调与利益相关者的关系，有利于企业各层级战略的实施，进而有助于企业形成核心竞争力，获得持续竞争优势。

三　企业社会责任的伦理学研究

从伦理学上分析；现代企业经营的主要目的是构建企业内部和外部的和谐，这里的"和谐"恰恰是伦理学的主要观点。企业社会责任推动企业发展，在某种程度上主要是通过企业与各利益相关者的和谐共处实现的。从这个意义上讲，企业的根本任务是服务于社会，促进社会的进步与发展，而其手段与途径是谋利，承担社会责任是企业的内在要求。企业承担社会责任的最终目的是为了达到企业内在的和谐及企业与外部环境的和谐。伦理学研究路线认为：第一，社会责任促成企业自我价值与社会价值的统一。企业在为社会创造产品、提供服务并由此获得利润时，它是在实现自我价值；而当企业承担社会责任，促进经济发展，增进社会公益事业，关心与支持社区文化教育、福利事业、慈善事业时，它才体现出其社会价值。第二，社会责任为企业创造和谐的社会环境。从企业与社会的伦理准则的角度看，企业的发展有利于社会的发展；反过来，企业承担社会责任有利于社会的文明和进步，有利于社会发展目标的提高与实现。第三，社会责任体现企业价值观，支撑企业发展壮大。

在伦理学领域，一个始终被强调的概念是和谐。构建和谐社会涉及各个主要社会组织的社会责任，包括企业的社会责任、民间社团的社会责任和城乡基层小区的社会责任等。其中企业的社会责任非常重要，在整个社会组织的责任体系中发挥着重要作用。构建和谐社会是全社会各类组织、各阶层人员共同的任务，作为拥有庞大社会资源的企业，无疑要通过承担自己的社会责任，为建设和谐社会作出应有的贡献。"礼之用，和为贵。先王之道，斯为美"①，"和谐"既是企业谋求发展道路上必须承担的神圣社会责任，也是企业管理所追求的最高、最美境界。伦理学研究路线以和谐思想为基础，肯定企业承担社会责任有利于企业构建内部和外部的和谐环境，从而为企业的可持续发展提供良好

————————

① 《论语·学而篇》。

的内部和外部条件。

四　企业社会责任的社会学研究

从社会学上分析，社会是一个有机整体，企业则是构成这个有机整体的最基本的单元。同时，企业又是一定社会中的企业，不能脱离社会而孤立地存在。企业与社会的这种关系决定了它们之间是相互作用、相互影响的。企业社会责任能帮助企业更好地处理社会关系，树立良好的社会形象，为社会发展做出应有的贡献；反过来，社会也会为企业发展提供各种支持，包括人力、物力、财力等方面的支持。社会学研究路线认为：第一，企业是社会的组成部分，企业活动是社会生产的基础层次和基本组织形式，社会的发展依赖于企业的发展壮大；企业之所以不能孤立存在于社会，是因为企业还是一定生产关系的产物，企业中的劳动者是以一定的生产关系结合在一起。第二，企业利益具有独立性和排他性，社会利益具有公众性和共享性。企业的活动以社会为背景，因而企业的利益就不得不受社会利益的约束，这种约束使得企业利益、企业目标在某种程度上要服从于社会利益和社会目标。企业在承担其社会责任时要以社会的需求为立足点和出发点。第三，企业作为社会生产的基础层次和基本组织形式，也必须在分担社会运行成本方面承担责任，这主要通过依法纳税、保护环境、支持社会福利事业等形式加以实现。

社会学研究路线侧重于论述企业与社会的关系，进而推导出企业应当承担社会责任。作为企业和社会之间联系日益紧密的结果之一，企业社会责任产生了深远的社会影响，就像是一粒鹅卵石投入池塘波及的范围会越来越大一样。另外一个结果是企业的兴衰取决于整个社会的态度和反应。如果能够填补社会需求方面亟待解决的空白，企业很可能就会脱颖而出。这就是企业和社会结合起来，能够构成一个相互作用社会系统的原因。它们相互影响、盘根错节、唇齿相依，任何一方的任何一个行动肯定会作用在另一方的身上。它们之间可以说是既相互区别又相互联系。企业是社会的重要组成部分，同时社会又常常深入地渗透甚至影响到企业承担社会责任。社会学研究路线从企业发展规律与社会发展规律及它们的交互作用之中找寻企业社会责任的立足点，企业承担社会责任是促使企业与社会共同进步与发展的纽带。

五　企业社会责任的法学研究

从法学上分析，法律的强制性规定有利于企业更好地承担社会责任。法学研究路线认为：第一，法律的保护对象是社会公共利益，同时社会公共利益也是企业承担社会责任所要保护的对象，两者在利益保护结构上是一致的。不论是发达国家，还是发展中国家，保护社会公共利益都是国家的立法目的之一。第二，企业社会责任是法律义务和道德义务的统一体，因此，以企业社会责任的特性为基础，从法学视角分析企业社会责任具有可行性和合理性。第三，法学研究路线的主要目的是使企业承担社会责任法制化。目前，许多发达国家都通过立法对企业社会责任进行了强制性的规定。通过对企业社会责任的立法，能够最低程度地保障企业承担起应尽的社会责任，从而促进经济社会的发展。我国不仅有学者提出企业社会责任的法制研究路线，令人更为欣喜的是我国在《公司法》、《环境保护法》等法律中对企业社会责任进行了相关规定，尽管这些规定还有很多尚待完善之处。企业社会责任立法是一个非常浩大的系统工程，需要诸多相关方面的法律进行系统规定，因此，我国对企业社会责任进行立法完善仍将有很长的路要走。但无论如何，从法学的视角对企业社会责任进行研究的意义是非常重大的。

六　企业社会责任的多维法制视角研究路线

从最广义的视角分析，社会就是一个大环境，它包括企业外部的所有环境。宏观环境是组织存在的整个社会背景。孔茨等认为，企业社会责任的外部所有环境包括经济、伦理、政治和法律、社会以及技术等方面。[①] 利亚姆·费伊（Liam Fahey）和V. K. 纳兰扬南（V. K. Narayanan）提出的这一观点意义深远。他们把企业外部环境看成由社会的、经济的、政治的和技术的四个部分组成。[②] 这些要素之间存在着相互作用的关系，由于不同环境内容复杂，构成要素广泛，变化频繁，不可控程度高，使得企业在承担社会责任时必须严密调查、谨慎行事。企业不可能在没有社会生活和政治生活的真空中经营运作，实际上，大多数企业的经营运行都是在社会、经济、技术和政治变化的漩涡中进行的。笔者按照不同环境属性的差异，将企业所处的环境划分为四种：一是社会环境；二是行政环境；三是经济环境；四是技术环

[①]　［美］哈罗德·孔茨、海因茨·韦里克：《管理学》，马春光译，经济科学出版社 1998 年版，第 36 页。

[②]　Liam Fahey and V. K. Narayanan, *Macroenvironmental Analysis for Strategic Management* (St. Paul: West, 1986), 28—30.

境。社会环境作为一个组成部分，体现在利益相关者的生活方式、法制意识、价值准则、教育水平等因素上。在这里，特别重要的是这些变动的因素将如何影响企业及其运行和决策。行政环境注重讨论的是法律、政策被通过，官员被选举的程序，确定的是政治程序和政府之间相互作用的所有其他方面。在这一部分中，对企业最为重要的是不同行业和不同问题的企业调控中不时出台的改革举措、法律政策和调节程序。经济环境集中讨论的是企业运行所依存的经济性质和发展导向，以及在此过程中相关经济法律法规的制定和出台。在过去的 10 年里，全球经济对经济环境起着决定性的影响。① 技术环境表示发生于社会中的技术的所有发展或进步。与这部分关联的方面包括新的产品、流程和材料，也包括伦理和应用意义上的知识和科学进步状况。这里尤为重要的是技术变革的进程。② 最近几年，计算机等技术一直推动着这部分环境呈动荡变化，这对企业社会责任而言既是一种机遇，又是一种挑战。与此相对应，从法学的视角，企业面临着四种不同的法制环境，即社会法制环境、行政法制环境、经济法制环境以及技术法制环境。据此，本书分别从社会法制视角、行政法制视角、经济法制视角以及技术法制视角对企业应承担的社会责任以及如何承担等问题展开了系统的分析和论述。多维法制视角的研究路线有利于明确不同法制环境对企业承担社会责任的要求，以及企业在不同法制环境下应采取相应的调适举措。总而言

----

① ［美］阿奇 B. 卡罗尔、安 K. 巴克霍尔茨：《企业与社会伦理与利益相关者管理》，黄煜平、朱中彬等译，机械工业出版社 2004 年版，第 4 页。

② Liam Fahey and V. K. Narayanan, *Macroenvironmental Analysis for Strategic Management* (St. Paul: West, 1986), 28—30.

之，从多维法制的视角对企业社会责任进行研究的意义在于：第一，有利于企业知悉社会的发展和变化对企业承担社会责任提出的新要求和新期望；第二，有利于企业针对不同的社会要求和期望承担不同的社会责任，使企业承担社会责任的目标更明确化；第三，有利于广大利益相关者的利益得到更大程度上的有效保护；第四，有利于企业社会责任立法构建的更加细致化和全面化。

第二章　社会法制视角与企业社会责任

发生在企业中的、许多引人关注的事件都是一定程度矛盾的激化的结果。这些事件大多数其实是公众或社会某些部门认为一家企业做错了或是不公正地对待了某些个人或群体，或者在有些事件中甚至是对重要法规的公然违反。[①] 所有这些企业是否行为得当的事件或问题，不管是出于哪种原因或理由，事实上已经出现了，而这些都可能与企业是否承担社会责任有关。在今天的社会法制环境中，企业经常面临着来自各方面的压力和要求，为此企业需要积极采取适当的措施，善尽其社会责任。

第一节　企业与社会法制环境

一　企业面临的社会问题

企业如何面对社会，如何融于社会机体之内，依赖于社会的"生物循环系统"。[②] 企业从社会环境中获取资源，又从社会环

---

① 引自〔美〕阿奇 B. 卡罗尔、安 K. 巴克霍尔茨《企业与社会伦理与利益相关者管理》，黄煜平、朱中彬等译，机械工业出版社 2004 年版，第 2 页。
② 田广研：《企业裂变——企业与社会》，中国社会科学出版社 2007 年版，第 241 页。

境中获得资源配置及财富创造的权力，依赖于社会环境为其提供良好的制度性、法制性条件。企业需要从社会环境得到对其经济活动的承认、支持、理解、信任与合作，需要社会环境为企业的产权和收益提供法律与政策上的确认与维护，需要社会环境为企业内部的矛盾与冲突、为企业之间的矛盾与冲突、为企业与公民个人等之间的矛盾与冲突做出公正、合理的仲裁与协调，需要社会环境为企业的经营创造提供良好的社会信用体系，也需要社会环境为企业的产品和服务的生产和销售提供永不衰竭的并持续增长的市场需求。20世纪六七十年代的美国，由于利益相关者不懈地追求对企业活动的社会控制，形成了企业需要面临各种挑战的社会环境。企业利益相关者们带来的挑战来自于多种组织。环保主义者在20世纪70年代举行了首次地球日（Earth Days），提出企业应对世界的空气和水的质量负责；美国黑人团体，在民权运动中组织起来，强烈要求在就业、升职和员工培训中取消种族歧视；妇女团体，投诉那些有性别歧视行为的企业；社区组织，反对有毒物质的使用和运输，抗议核电站的建设和运营，等等。社会公众通过"用脚投票"① 对企业承担社会责任进行监督也是重要的渠道，因为好的

---

① 用脚投票，最早由美国经济学家蒂伯特（Charles Tiebout）提出的。在人口流动不受限制、存在大量辖区政府、各辖区政府税收体制相同、辖区间无利益外溢、信息完备等假设条件下，由于各辖区政府提供的公共产品和税负组合不尽相同，所以各地居民可以根据各地方政府提供的公共产品和税负的组合，来自由选择那些最能满足自己偏好的地方定居。居民们可以从不能满足其偏好的地区迁出，而迁入可以满足其偏好的地区居住。形象地说，居民们通过"用脚投票"，在选择能满足其偏好的公共产品与税负的组合时，展现了其偏好并作出了选择哪个政府的决定。现在通常用来比喻对某事的失望或抵触，从而选择放弃或对抗。

企业必将通过承担社会责任，树立良好的公众形象，建立高度的社会公众信任感，从而吸引更多的消费群体以及社会投资者，并为投资者实现价值增值。而社会责任差的企业将受到社会公众的冷遇，不利于其未来的可持续发展，并逐步在市场竞争中失去投资环境。① 利益相关者有效地改变了企业管理者的经营环境和法制环境。利益相关者最为重要的贡献是发起了各种集体性的社会运动，使得企业在承担常规的社会责任以外，还要根据具体情况，作出某种不同的反应，以符合社会环境中不同利益相关者的需求。企业也应该自觉地实施这种社会反应。在企业处理利益相关者的社会权益要求的过程中，或者在企业采取的影响其利益相关者的措施中，企业需要适应社会环境的变化而作出适时的反应。企业承担社会责任，必须遵循具体的指导方针和理念才能达到其目标，这个过程中遇到的许多障碍都可以通过实施社会反应得到克服。

二 社会法制环境

社会法制环境中有许多因素有助于形成对企业的批评，这些因素有些是独自出现的，有些则与其他因素有关联，社会法制环境中的这些因素或多或少都与企业承担社会责任有关。

（一）富裕和教育带来的法制意识

当一个社会变得更为富裕和有良好教化时，对它的主要机构例如企业自然会提出更高的社会期望和法律要求。数十年来，总

---

① 徐立青、严大中等编：《中小企业社会责任理论与实践》，科学出版社 2007 年版，第 31 页。

体而言世界各国民众的生活水平得到了普遍的提高。我国自改革开放以来，国民的生活水平也得到了大幅度提高，而且这个趋势仍在不断扩展。在美国，虽然有些美国人觉得美国的生活水平已经停止提高了，但一些研究机构的数据表明，尽管过去的几年里经济时好时坏，但大多数美国人现在的生活比过去要好，而且还会更好。今天美国年轻人的生活水平比起他们父辈的生活水平要高出两倍，美国人生活水平的提高仍很有可能继续下去。随着生活水平的提高，民众的正式教育得以发展起来。例如，我国九年义务教育的普及，农村义务教育的重视程度等。[①]当公民受教育水平得以不断提高时，他们对生活的期望以及法制意识一般也要跟着提高。富裕和教育二者结合起来，构成了社会对主要机构诸如企业进行批评这一风气出现的基础，这种风气自然提升了人们对企业承担社会责任的要求。

（二）媒体促进民众法制意识的提高

随着正式教育的发展，公众觉悟的程度也越来越高。报纸、杂志虽然仍是一部分人要看的，但一个更有影响力的媒体——电视，实际上已进入整个社会。据国外媒体报道，互联网数据调研机构尼尔森的一项最新报告显示，2008 年第四季度，美国人看电视的时间较上一年同期有所增加，并且比上网花费的时间要

----

① 资料来源：中华人民共和国教育部网站。教育部 2008 年发布的《2007 年全国教育事业发展统计公报》的数据显示，截至 2007 年底，我国初中阶段毛入学率已达到 98%，高中阶段毛入学率已达到 66%，高等教育毛入学率已达到 23%，已经分别达到教育中等发达国家的水平，尽管根据国家统计局发布的《2007 年国民经济和社会发展统计公报》的数据，2007 年中国人均 GDP 为 18665 元人民币，以 1：7 的汇率计算，约合 2666 美元，尚未达到 5000 美元的水平，但中等教育毛入学率和高等教育毛入学率已经远远超过教育中等发达国家的相关指标。

长。调查显示，2 岁以上的美国人第四季度平均每月看电视的时间为 151 小时，而上年同期为 146 小时。其中看录制电视内容的时间有明显增长，由上年同期的 5 小时增至 7 小时。[①] 在中国按地区划分，2005 年华北观众用于看电视的时间最多，达到了人均每天 195 分钟，女性观众收看时间略长于男性，分别是 177 分钟和 172 分钟。[②] 这些统计数字表明，在我们的社会中，电视确实是一个颇有影响力的媒体。此外，随着网络技术的不断进步，世界各国的网民数量增长迅猛。据 CNNIC 的第 23 次报告，截至 2008 年底，我国网民规模达到 2.98 亿人，较 2007 年增长 41.9%，互联网普及率达到 22.6%，略高于全球平均水平。[③] 继 2008 年 6 月中国网民规模超过美国，成为全球第一，中国的互联网普及再次实现飞跃，赶上并超过了全球平均水平。媒体的发达将使公众有更多渠道了解和学习法律知识，提高法律意识。因此，这些颇有影响力的媒体也将对企业承担社会责任产生深远的影响。当企业漠视社会责任并造成严重的后果时，媒体通常会把事件进行曝光，将企业公之于众，接受人民的口诛笔伐，这无疑会对企业产生重大的负面影响，也迫使企业关注企业社会责任。

（三）社会期望值的提升

除了富裕、正式教育和媒体带来的觉悟，还有其他的社会发

---

①　互联网数据调研机构尼尔森：《美国人看电视时间仍超过上网》（http://tech.qq.com/a/20090223/000334.htm）。

②　《中国电视台品牌建设与管理创新分析报告（2005—2006）》，中国传媒大学出版社 2006 年版。

③　资料来源参见 CNNIC 发布第 23 次互联网报告，http://it.sohu.com/s2009/cnnic231.（http://it.sohu.com/20090113/n261725984.shtml）。

展活动也促进企业批评氛围的形成和对企业承担社会责任的期望。这些因素引发了社会期望值的提升。① 它可被定义为这样的一种态度和一个信念，即下一代应该有一个比其前辈更高的生活水准，对诸如企业这样的主要机构的期望也应该是越来越大的。就业形势、人的健康水平、家庭生活和总体的生命质量继续在变好或提高。基于这种思考，人们可能认为企业今天被批评是因为社会对其表现的期望超出企业能够满足这些日益增多的期望的能力。社会问题被描绘为一定社会条件下的社会期望和社会现实之间的差距。从企业角度看，社会问题是社会对企业的社会责任表现的期望和企业的实际社会责任表现之间的差距。提升期望的这种性质，决定了企业等机构一般是跟不上期望的步伐的，这就会引发社会批评，企业则会麻烦不断。虽然社会期望提升的总趋势仍在发展，但当经济不够繁荣时该期望就有所放缓。诸如犯罪、贫困、无家可归、艾滋病、环境污染、酗酒、药物滥用和现在的恐怖主义等社会问题的露头或恶化，总在那里放缓期望的提升，使得社会能安于现状或者不怎么期待提升。但是，随着社会矛盾的不断产生和激化，对企业承担更多社会责任的期望值会处于不断提升的状态之中。

（四）权利运动法制意识

社会期望值的提升、民众的觉悟和讨论至此的所有因素，都有助于被称为权利运动（Rights movement）的讨论。例如，《人权法》是美国宪法的一部分，几乎是后来加上的，实际上已有一

---

① 有学者将这种现象称为"期望提升革命"（Revolution of Rising Expectation）。参见［美］阿奇 B. 卡罗尔、安 K. 巴克霍尔茨《企业与社会伦理与利益相关者管理》，黄煜平、朱中彬等译，机械工业出版社 2004 年版，第 8—9 页。

个多世纪没派上用场了。但是，在过去的几十年时间里，美国最高法院一直在审理是否给一些群体多种权利的大量案件，而这些案件是美国开国领袖当时做梦也想不到的。① 企业作为社会的重要机构，会遭遇一系列不断膨胀的、涉及人们怎样被看待和被对待的期望。这些期望不单来自雇员，还来自所有者、消费者和社区成员等。这些权利运动与利益相关者有关，当每一"目标、需要、希望或热望"都要说成是一种权利时，人们势必会推测企业将面对的是什么样的挑战和社会责任。

（五）受害者心态带来的法制意识

在 20 世纪 90 年代早期，一些观察者就越来越明白将有日益增多的个人或群体意识到他们自己为社会特别是企业所害。并且耐人寻味的是民众普遍持有这种受害见解。许多学者认为，受害者心态在社会的所有群体那里都可能有，并跟种族、性别、年龄等因素无多大关系。或许以前的运动都可看作是"社会期望值的提升运动"，而当前的运动则可称为一个"招致不满运动"。在存在受害者的社会里，情感占上风而不是理智，人们开始发觉他们正遭到社会机构（诸如企业）不公正的"伤害"。在芝加哥，有一个人向美国律师事务署的少数群体权利司抱怨，麦当劳正在违背平等保护法，因为其餐馆的座位不够大，不能装下他那肥大的臀部。② 正如前文所阐明的，受害者心态与权利运动密切相关，有时前者与后者密不可分。总而言之，如何看待一个人的困难处

---

① Charlotte Low, *Someone's Rights, Another's Wrongs*, Insight (January 26, 1987), 8.

② ［美］阿奇 B. 卡罗尔、安 K. 巴克霍尔茨：《企业与社会伦理与利益相关者管理》，黄煜平、朱中彬等译，机械工业出版社 2004 年版，第 10 页。

境，例如某人觉得受到不公正的对待，将给企业承担社会责任提出特别的挑战。

（六）相关法律法规的颁布

在本书的第一章中，笔者就已经对与企业社会责任相关的法律法规做了介绍和分析，在后文的阐述中也将从不同的角度对相关的法律规定进行深入的分析，在此不再赘述。

在社会环境中，由主要机构（例如企业）组成的社会或主要机构（企业）本身成为重点批评的对象，是必然的事。在这里，我们并不打算过多地关注此种行为的消极面，主要着意解释对企业的批评过程是如何决定今日企业与社会法制环境中的一些重大问题。如果不存在个人或群体总是挑企业社会责任的"刺"的事实，我们也许也不会专门讨论这个主题。既然如此的变化已经发生，了解一下企业批评所具有的作用还是有益的。总之，富裕和教育，由媒体带来的觉悟、期望提升革命、权利运动，还有受害者见解等构成了产生企业批评、企业承担更多社会责任的背景，这些因素生成了一个企业批评发生和繁荣的氛围。显然，这里并没把出现在社会法制环境中的所有问题和趋势全都归纳进去。然而，这样去做确实有助于解释我们所拥有的社会法制环境为什么那么容易引发对企业的批评。

三　社会法制环境下的企业

（一）企业与社会法制环境的关系

在"你中有我，我中有你"的相互依存、相互促进的格局中，企业与其所处的社会法制环境具有共生性和相融性。曾经是名列美国第七大企业的能源公司恩隆（Enron），在 2001 年时宣告破产，主因在于公司高层长期以来伪造财务报表、进行内线交易以及共谋诈欺股东，恩隆被淘空倒闭的结果使得三万多名员工失业、多数股东的权益受损，让全球知名的会计事务所安达信（Arthur Andersen LLP）一夕之间瓦解、麦肯锡（McKinsey）咨询顾问公司受到牵连，也间接影响到美国的金融市场，重创投资人及一般社会大众对企业的信心。此案件让政府、企业界、学界以及民间社会重新去省思，在全球化过程中，除了高喊利润、效率以及去管制化的新自由主义之外，更应重视企业与社会法制环境方面的问题。

1. 社会法制环境对企业承担社会责任的影响

企业的社会经营以及决策行为，作为一种社会经济活动，必然会受到社会法制环境的影响。社会政治制度、政府法律法规、社会公众的法制意识、道德和伦理观念等社会因素，都能对企业的责任承担产生积极或消极的影响。不健全的社会难以成就健全的企业，所有想要不断发展的企业，必将把怎么处理好与社会法制环境的关系放在重要的位置。影响企业社会行为的社会法制环境因素主要有以下几种：富裕和教育、新闻媒体报道、消费者权利运动以及法律法规等，特别是消费者权利运动对企业社会责任决策影响深远。首先，当一个社会变得更为富裕和有良好的教化时，对它的主要机构例如企业，自然会提出更高的期望，企业社会责任的意识自然也会逐步增强。其次，在我们的生活中，电视、网络确实已经成为颇有影响力的媒体。针对企业社会责任的新闻报道和铺天盖地的商业广告，会使我们觉得原来大企业这么有实力，它是否已经承担了应尽的社会责任。诸如，"5·12"汶川大地震企业捐款，就在社会上引起了广泛的舆论赞誉和批评。[①] 虽然通过电视、网络等媒体的影响力和涵盖面而导致的大众"法制意识"和企业批评，在一定程度上促成了企业与社会法制环境之间的紧张状态，但是我们应该明确的是，并不是媒体在有意去制造争端，并不是媒体有意对企业问题进行责备。假如不是因为某些企业的行为确有问题，媒体便不可能去制造这种紧张的社会环境，社会舆论也不可能如此"义愤填膺"地去指责企业的社会责任问题。因此，媒体应该被看成是有助于企业在一定社会法制环境中给自己定位的一个重要因素。再者，企业社会责任活动与企业的社会形象相联系，并通过消费者对企业形象的联想而影响到消费者对企业产品和服务的评价。企业社会责任形象影响消费者对该企业在国内外市场产品的评价，并且企业承担的社会责任能直接或间接地影响消费者的购买意图。他们认为企业社会责任活动有溢出效益或者光环效应，在消费者行为中起着积极的作用。[②] 当企业的产品信息不明确时，消费者可能试图通过企业的社会责任信息来评价新产品。当消费者对企业的社会责任活动评价积极时，他们对企业的产品评价也较高。如果一个企业的社会责任形象较好，消费者很可能对企业采取宽容的态度，更容易把事件的原因归结为外部的因素；反之，则更愿意责

---

　　① 有网友这样写道"我认为邵逸夫最值得尊敬，因为他终生致力于慈善事业，中国很多大学都有逸夫图书馆、教学楼。本次汶川地震一下捐了1亿，竖起大拇指赞一个！"截至2008年5月20日，据不完全统计，中国烟草总公司及所属企业和广大干部职工为汶川地震灾区捐款共计3.39亿元。2008年网络流行语："做人不要太王石。"资料来源于网上的相关评论和数据。

　　② Sen，Saknar，Bhattacharya，C. B.，"Does Doing Good Always Lead to Doing Better?" Consmuer Reactions to Corporate Social Responsibility，*Journal of Marketing Research*（JMR），May（2001），Vol. 38 Issue 2，225.

备企业。因此，企业承担相应的社会责任是企业的一个保险装置。

2. 企业承担社会责任对社会法制环境产生的影响

企业的社会行为将对社会产生外部性影响：一方面是正的外部性，即边际社会收益大于边际私人收益，它为社会提供就业机会、收入来源、生产商品和提供服务，并投资于厂房、设备和新产品的开发，使得社会整体福利状况有了改善，促使了社会发展水平的提高；另一方面是负的外部性，即企业的边际私人成本小于边际社会成本。例如，环境污染、危险的工作条件、伪劣产品、各种歧视性商业行为以及对社会政治和政府系统的冲击等。学者指出"现代资本主义国家所面临的主要社会问题，例如环境污染、滥用经济优势垄断价格、排挤中小竞争者、生产出售假冒伪劣产品、为追求经济效益而过度利用自然资源、侵害劳动者的合法权益、向政府官员行贿、非法提供政治捐款以及其他类型的公司法人违法犯罪行为，无不与公司有着或多或少的直接或间接的联系。尤其是近几十年来，公司为了追求利润最大化目标而不顾社会公共利益，使资本主义国家的社会问题日趋严重。"[1] "如果公司都自愿遵守环境法，它们将会大大改善现代商业企业的重大的负面外部影响；如果公司都遵守工作场所安全制度或药品检测制度，那么它们就可以减少商业行为的其他各类的负面影响；如果公司都自愿按照法院的诠释遵守反垄断法，就会更公正地处理经济利益在消费者和其他经营者之间的分配。"[2] 在资本主义

---

① ［韩］李哲松：《韩国公司法》，吴日焕译，中国政法大学出版社2000年版，第2页。

② ［美］罗波特·C. 克拉克：《公司法则》，胡平、林长远等译，工商出版社1999年版，第570页。

经济挂帅的当代社会，再加上全球化的推波助澜，全球前一百大的经济体中，企业体已占50％以上，意味着企业已经深深地介入到我们生活中的每一个层面，人们以消费者、职业人、社会公民等角色与企业产生关联，从出生到死亡，生命周期中的每一个阶段都可以看到企业的影子，当然企业越是镶嵌到社会法制环境之中，也就越会受到社会法制环境的影响、反馈，企业也需要对社会法制环境作出响应。

（二）企业如何正视社会法制环境的变化

企业需要一个有价值的关于成功转型的构思，这些转型来自企业对外部社会法制环境更大的反应。企业不仅对市场作出反应，而且对整体的社会法制环境也要作出反应。企业行为对政治力量、公共舆论、政府压力不会无动于衷，而不论这些因素是否会受到欢迎，市场力量和非市场力量都会影响企业社会责任的承担，这已为人们所认同。有时候，市场和非市场两种力量会交织在一起。例如，消费者与公民权组织会对企业产品发起联合抵制，以迫使其改变内部政策。相反，私人利益集团也会发起某种抵制，或者其他类似联盟，以鼓励其成员为或不为某种购买而采取举动。因此，当代企业行事既非简单追求利润最大化，也非进行传统的垄断。对企业而言，竞争的难度扩大了，而且包括了许多非价格方面的变量。在上述情况下，没有一家企业能够对忽略公众意愿和预期造成的损失负得起长期责任。在当今的社会法制环境下，忽视公众意愿的结果会直接造成销售及顾客意愿的损失，企业社会责任的负面报道或在某种程度上间接引发诉讼成本的上升，这是因为公众压力将会导致各方力量对企业的进一步干预。

社会法制环境中各种各样的变化不仅给企业带来威胁，而且也会给企业创造机遇。在企业承担社会责任的过程中，存在一些决定企业和社会形态的至关重要的力量，这些力量也影响着社会法制环境和企业社会责任之间的关系。企业所处的环境一般具有较强的刚性，这也意味着企业承担社会责任时不得不关注企业外部环境的变化，虽然企业改变外部环境的能力是极其有限的。一般来说，其主要的应对方式就是顺应变化，在变化中寻找机遇。因此，企业在承担社会责任之际，需严密关注社会法制环境的动向。亚当·斯密在分析中国社会长期停滞的三大原因时指出：中国的法律制度已经到了极限。一国的停滞和静止，可以是由于自然资源、领土、资本的局限或饱和等情况。中国似乎长期处于静止状态，其财富也许在许久以前已完全达到该法律制度所允许的限度……他假设：在中国若易以其他法制，那么该国土壤、气候和位置所可允许的限度，可能比上述限度大得多。[①] 在我国，依法治国是我国的治国方略。当前，我国经济社会发展正处于近十几年来最好的时期，但构建和谐社会仍面临着新的严重挑战，一些问题还十分严峻，这些问题如果在法制建设中得不到反映，具体的法律不能对之进行有效的规范，就势必会影响社会主义和谐社会的建设，制约全面建设小康社会的进程。其中，企业的法制建设问题尤其重要，因为现在的企业不仅是一种经济组合体，其在社会中的作用也与日俱增，影响越来越广。不仅企业自身要意识到这个问题，社会也要意识到这个问题。

---

① ［英］亚当·斯密：《国民财富的性质和原因的研究》，郭大力、王亚南译，商务印书馆 2003 年版，第 64—65 页。

第二节　企业公民：企业社会责任与社会法制环境的链接

一　企业公民

（一）企业公民的内涵

伍德认为企业公民（Corporate Citizens）与企业社会责任具有关联，即企业社会责任强调企业组织对于社会责任规范的结构、过程、规范、程序、显见的产出，企业公民强调企业的外在行为、受欢迎的管理团队与董事会。卡罗尔提出企业公民具有四个方面的内容：创造利润、合于法律、具有道德、成为良善的企业公民与利益关系人保持良好的关系。[①] 企业公民作为企业与雇员所在地的社会链，带给企业的即是企业信誉资本，同时也有助于企业与顾客、供货商以及政府间建立良好的合作关系，对社会贡献企业的力量。所谓企业公民，指的是企业认识到自己扮演着社会公民的角色，在企业日常运营与经营策略中，透过各种方法与活动自发性地投入社会公益善行，并遵循法令规范与企业道德来治理公司。其实，企业公民包含有更高标准的社会涉入度，企业必须成为社会的优良公民，这也是推行企业社会责任的必备条件。积极的企业公民并不局限于捐助，而是要提出明确且可衡量的目标，长期追踪施行的成效。因为立意良善的企业公民蓝图，可提升企业信誉也可改善企业和当地社区及其他团体等的关系。

---

① Carroll，A. B.（1999），"Corporate social responsibility – evolution of a definitional construct"，"Business& Society"，38，268—295.

面对商业环境和社会环境的不断变化，企业公民责任已俨然成为企业成功的重要途径，企业事业心越大，对社会的责任也就越行增大，同时对弱势团体更负有社会责任。在新世纪中，企业不仅要提高股东收益，也必须提高企业本身的社会价值，以企业公民自居善尽社会责任。

（二）企业公民的特质

1. 权利与义务的辩证统一

"权利"作为对主体性价值的肯定与阐释，既是人在现实生活中的一种基本价值的追求，也是社会文明演进过程中不可缺少的力量和条件，更是现代社会赖以存在的一个实质性要素。权利是对人自由范畴的制度性规定，体现了人作为主体的自我需要和自我满足。"义务"一词来源于希腊语，意指有约束力的责任。米尔恩指出："义务在道德和法律中都是一个关键性概念，它的中心思想是，因为做某事是正确的而必须去做它。说某人有义务做某事，就是说不管愿意与否都必须做，因为这事在道德上和法律上是正当的。"① 每种权利中都有某种义务是人们的普遍共识。因此，权利与义务的统一，从一般层面上讲是没有问题的，但两者地位并非完全对等。如果企业只注重其权利方面，在充分享受着一系列资源开采、使用、在一定区域生存发展、自主招聘人员为其工作等权利的同时而忽视其相应的义务，为此付出的义务相当空洞，权利凸显的同时伴随的是义务的相对缺失，企业的不道德行为就要由此而发了。但是，这并不意味着应抽离于对企业公

---

① ［英］米尔恩：《人的权利与人的多样性》，张志铭、夏勇译，中国大百科全书出版社 1996 年版，第 36 页。

民权利的尊重，更不是反对企业公民权利，而是为了更好地实现企业公民的权利。当一个企业如果不愿意哪怕是为了自己的利益而进行小小的自我克制和自我否定时，必然无法达到其自身与公共社会的"双赢"。

因此，普遍意义上的企业公民不是一相情愿的倡导，也不是纯粹道德境界的实现，其实现的前提必须包括对社会的权利和义务的合理分配。在合法经济秩序和和谐社会的建构中，既需要对企业公民权利的尊重，更需要促进企业通过对社会事务的参与等方式而实现对公共福利的承诺和满足，这是合理的经济发展与社会发展的根基。企业公民这一概念合理承载了"公民"的核心理念，在重视公民法律向度的基础上更加重视其伦理向度，力图从权利与义务的辩证统一中找寻企业社会责任的实现机制与架构。

2. 效率与公平的辩证统一

企业社会责任要求企业在采取行动时在企业利益与社会利益之间寻求最佳结合点，这必然涉及企业及社会的效率与公平的问题。企业公民则在强烈关注和贯彻效率原则的基础上，也更加彰显了公平与正义的理念。首先，企业公民体现出对人主体性的承认和尊重以及对人的发展关注。具体来讲，企业公民否认了企业的利润最大化目标，认为企业是人类社会发展到一定历史阶段的产物，是生产力水平发展到一定高度的产物。在不同的发展阶段，企业担负着促进人的发展的不同时代的责任，是满足和实现人类物质和精神需要的载体，是推动和实现人的不断发展的基本平台。总之，把人当作目的而不是手段的价值取向，是对"经济人"工具理性思维的彻底颠覆。其次，从对待和处理外部效应问题的态度上体现出企业公民具有公平正义的价值。企业公民重视社会成员的共同发展和社会整体的和谐发展。这些集中体现在它对弱势群体的关心和帮助上。企业公民不仅对消费者、劳动者和债权人等企业利益相关者有保护和关心的责任，而且提倡企业践行对社会弱势群体的道德义务，这无疑会对人类共同发展的正义事业产生极大的益处。

3. 组织与个体的辩证统一

当前，企业与其内部个体即企业与雇员的关系正在发生变化。首先是雇员的价值观已经并正在发生巨大的变化。雇员对企业的要求已经从单纯的物质回报转移到个人价值的实现，非物质因素随着工业化的日益发展而变得越来越重要。其次是工作本质发生了变化。企业要求雇员的素质更高；反过来，雇员对企业的职业发展空间也要求更大。积极利用自身的优势资源来改善和解决一些社会问题，追求企业利益和社会利益的完美结合，业已成为当今世界一些具有战略眼光的企业家或企业的追求。这既符合企业和社会公众的长远利益，也和企业在社会中的地位相适应和匹配。在当今社会，每个个体都分属不同的社会组织，尽管组织的类型多种多样，但企业组织，尤其是跨国企业集团组织，已逐渐成为当今乃至未来社会的核心组织架构。尤其是跨国公司，对产品市场、资本市场、服务市场的操纵与控制日盛一日，这些影响深深根植于经济生活的方方面面，进而渗透到政治、技术、教育、文艺等社会的每一个角落和各个层面。因而，企业也从各个方面深入影响个体的生活以及个人的发展，这些个体既包括企业组织内的个体，也包括企业组织外的个体。企业公民要求企业以促进和实现人的时代发展为己任，在这种理念的指引下，企业组织和个体的和谐统一将得到实现。

（三）企业公民的内在权利与义务

企业公民作为一个模拟有机体的存在，在实际中必须有一个委托的代理人作为经营权的实体。企业公民的外在化表现即是企业主管者，而企业主管者的内在化其实是企业公民的缩影。企业主管者毕竟是企业组织内部的一分子，其不可能和组织外部的社会或者政治中的一分子一样，如果不做此最基本的限制，企业的组织形态就无法维持，也无法与宗教或公共团体的组织有所区别。所以，企业主管者应具有完整的企业公民观，其不只是股东代理人，而且身兼与利益相关者有关的信托关系。

股东虽然出资或者投资一家企业，以有形的金钱进出，换取法律意义上的契约保障。白纸黑字的股票等凭证标示着法律上"拥有"或者"占有"这家企业的某一部分财产。但是，股东要与企业发生任何法律关系必须建立在双方合意决策的基础上才能生效，因而，股东和企业主管者联系的基础在于相互的信托关系。企业主管者的专业知识和股东的财富都是外在的相对价值，就他们对企业的运营而言，乃是不同种类的利害关系，它们彼此都是相互依赖的。

雇员乃是基于与股东不同形态的市场价值，而投入到一家企业的运作之中，企业主管者因为身具管理阶层的角色，他们之间无论是专业不同、分工不同、背景不同，或者是能力不同，都是企业利益相关者的不同种类。企业主管者基于企业公民的信托关系，出于道德的义务要求，负有落实企业权力的责任。企业主管者应该主动而积极地与雇员沟通、视雇员为企业的一部分、与工会积极合作、倾听雇员的意见、避免损及人权及潜在冲突的发生。

企业公民既然是一种模拟自然的有机体，它是由人组成的道德社群，它当然与自然有机体一样，必然要自我繁衍和自我成长。因而，企业主管者有着维系企业发展的义务，也就是具有企业永续经营、绿色运营的理念，并付诸实践。而永续经营的理念如同卡罗尔所说的那样，经济责任是所有企业社会责任的必要条件，换言之，企业的首要条件是生存，因而企业必须要有基本的生存条件，即企业不是在追求股东利润的极大化，而是维持企业生存所需的最低利润或者说股东利润的合理化。

（四）企业公民的外在权利与义务

企业对外关系的利益相关者包括，消费者、投资者、小区（团体与人员）、社会（非政府组织/竞争者/供货商）、各级政府等组织或个人。企业公民与利益相关者的关系其实都与利益相关者民主或企业民主有关。按照罗尔斯程序正义的构想，参与游戏规则的各方所得到的正义原则，在政治上可以是基本的自由权利①，但这些基本权利在企业的利害关系上也可以有部分的重叠或相似，例如，生存、结社、迁徙、言论及意识等方面的权利。即使这些权利的内容不尽相同，不同的利益相关者之间，处于不同的特定身份时，可能享有不同的权利。但是，只要基于正当的程序而享有权利时，那么这种权利的取得即是一种公平正义的结果。例如劳工权益，世界上的许多国家都对劳工合法权益的保护制定了较为完善的法律，对劳动者的合法权益进行了明确的规定。这些权利的提出固然有其历史的脉络

---

① 参见［美］约翰·罗尔斯《正义论》，何怀宏、何包钢、廖申白译，中国社会科学出版社 1988 年版。

以及经验的诉求，但是只要是劳动者都应该具有这些最大可能
的基本权利，不因为人、不因为地域而有所不同，这才是正义
即公平的意旨。同样的理由，关于企业公民与小区（团体与人
员）、非政府组织、竞争者等之间的基本权利和义务也是如此
推衍出来的。

　　每一类不同利害关系的利益相关者与其他利益相关者是相互
紧密联系的。每个公民身兼的权利与义务是多重而繁杂的，因此
不会出现只有一种利益相关者只具备一种权利与义务的现象；同
样，每个公民的身份是复杂的和多重的，因此，利益相关者的身
份也是复杂和多重的。例如，消费者身份的利益相关者不可能只
是消费者，他同时还可能是投资者、供货商、小区成员、政府官
员，甚至作为股东的角色。总之，企业的财富创造不必完全地来
自市场的功能。市场因素有些会带来益处和受到欢迎，有些则会
导致伤害，但企业都需要和其他的利益相关者共同合作。这些利
益相关者包括私人的组织、公共机构以及政府、非政府单位等。
在外部大社会环境背景中，企业也要体认到单凭自己的企业并不
能解决目前遇到的一系列问题，而要积极推动与多元社会团体、
个人等的合作与联系。

二　企业公民对企业社会责任的超越

（一）企业公民概念的提出及意义

　　随着全球化与知识经济的推波助澜，"企业"俨然成为当代
社会各种活动的重要主体之一。事实上，企业的运作与发展，并
非单单来自企业经营的结果，而是来自企业所处的区域环境文化
与社会等因素的互动结果。因此，企业的存在和整体社会环境有

着密不可分的关系；同时全球经济发展及人类生活质量提升更有赖于企业经营活动的蓬勃发展。当国民所得日益提高，人类社会朝向另一种新的生活形态提升时，企业社会责任渐获重视，企业纷纷站出来扮演推动社会改变的角色；换言之，企业不再以获利及为股东创造最大的财富作为终极目标，而是积极鼓励雇员走入小区，从事志愿性服务工作，以成为小区好公民为目标。现在，企业公民一词在学术界已被普遍使用，在美国甚至成为一种流行的社会责任运动，全球各大主要企业几乎都做出了做好企业公民的承诺。企业公民概念的提出是顺应时势的。首先，工商业界并不喜欢使用有关"商业伦理"的名词，社会责任当然是他们不愿见的用词。起初，"伦理"一词的出现，人们就半信半疑，甚至认为它和商业是对立或无关的。伦理被视为像专业人士的守则，给人高高在上的感觉。其次，从企业的观点来看，除了企业公民被许多支持者用来提醒企业应该多做些事之外，社会责任这个词语似乎有一种告诫他人，甚至有责难的意味。再者，大部分的名词在开始出现时只是为学术界提供论辩之用，然而要进一步建立合法性，以及持续在商业世界中流传，则不是容易的事。现在不论是企业界和学界都普遍接受和采纳了企业公民这一名词。企业公民是一种认知，它要我们认识到，无论是企业或类似商业的组织对于社会环境应该具有社会的、文化的、环境的责任。企业公民为了有效满足所有利益相关者的要求，以达到组织的永续经营以及组织与社群最长远的成效，应该接受来自内部和外部环境变化产生的需求。身为人类社会的重要成员，企业借由企业公民行为来承担社会责任的工作乃是时势所趋，且为非常普通又热门的现象已蔚为风潮。

（二）企业公民与企业社会责任的关联

"企业公民"横跨伦理学、社会文化学和法学范畴，其较之于"企业社会责任"，在精神表达、行为展示和责任承担上更具有公民意味，也更符合企业的社会存在本质和存在特性，但它与企业社会责任之间也存在千丝万缕的联系。第一，企业公民的价值意蕴与企业社会责任的价值诉求根本一致。企业社会责任作为企业在特定发展阶段人们对其的一种价值诉求，与"公民"所蕴含的人的自由和解放的根本价值意蕴，存在着本质的一致性。为了人的自由全面发展，社会必然对作为经济生活主体、道德生活主体的企业提出符合时代特点的价值诉求，这种价值诉求也正是追求人的自由和解放之价值意蕴在企业——这一独特社会结构单元层面上的体现。第二，企业公民是对社会发展的一种理论回应。从组织伦理的角度看，当代道德哲学范式关注的主要对象应该是组织，以组织为研究的基础和出发点，以组织伦理作为解释道德问题和进行道德建设的关键，通过组织伦理（伦理实体）的建设，使人类的伦理世界在个人、组织、社会的互动中有序展开，从而走向理想的伦理世界。作为具有整体行动且具有较大行为能力的一种组织，企业不应长期逃逸于道德规则和道德建设之外。对企业的重新伦理召回，其实质是对企业及社会发展的一种现实回应。第三，企业公民更符合公共生活的要求。世界著名管理学家霍曼·梅纳德说过，"未来属于企业，社会中心将是企业，因为企业是社会的中坚力量、经济基础，左右世界的主要力量。"从企业在未来公共生活中的地位看，在经济全球化的进程中，企业越来越成为公共生活的一个基本样式和公民个人表达其意志的主要场所。作为公共生活文化基础的公民伦理，必然使得企业社会责任向企业公民的转变成为必然。

　　虽然企业公民与企业社会责任之间存在着密切的联系，但是它们之间也有着内在的差异。第一，遵循的原则不同，前者强调最小的法律要求，期望公司"回馈"社区，包括宽泛的可接受的自愿行为，但如果没有慈善举措也不会有制裁；后者强调强制的和自愿的原则，期望所有公司能"超出法律的要求"，通过减小损害或增加福利来惠及相关利益者，并且能维护基本的道德原则。第二，强调的重点不同，前者有限地强调社区和慈善；后者对有关问题和相关利益者，以及"做正确的事情"进行广泛的关注。第三，对自利行为的态度不同，前者认为自利行为是可称道的，可能还是为了激励惠及社会的行为所必要的；后者的自利行为是可能的和可接受的，同时自利行为并不像道德和法律责任那样相关。第四，道德基础不同，前者基于"回馈"的自愿慈善已经被接受和理解；后者有假定的道德基础却是模糊的。[①]

　　（三）企业公民的超越性

　　西方学者对于企业公民与企业社会责任的关系主要有三种学说，可概括为部分说、等同说和超越说。部分说是一种早期观点，因其仅仅是根据企业公民践行活动的现象来理解企业公民的概念，所以其解释不可避免地只是停留在表面上，而走不出企业社会责任已有的概念框架。等同说以卡罗尔的"四面说"为代表，认为企业公民和个人公民一样应担负经济、法律、道德和慈善四个方面上的责任，企业公民在他看来也许仅仅是个新名词或

　　[①]　沈洪涛、沈艺峰：《公司社会责任思想起源与演变》，上海人民出版社 2007 年版，第 229—231 页。

者只是故弄玄虚罢了。超越说是一种新观点，运用管理学、政治学和社会学的理论揭示了企业公民超越企业社会责任的一些特征，认为企业公民因引入了公民权这一核心理念而深化了对企业社会关系的认识。[①]

"企业公民"对企业来说有着不同的含义。企业公民这个词让企业看到或者说是重新意识到企业在社会法制环境中的正确位置，它们在社会法制环境中与其他"公民"相邻，企业与这些公民一起组成了社区。正如沃德尔（Waddell）所说的，公民意识强调的是社区中所有相互联系和相互依赖的成员的权利和义务，大家共同为社区的发展和进步作出贡献。所以，企业公民是对"企业—社会关系"的重新界定，它借助公民意识明晰其含义，企业可从个人公民的表现中明白社会对公民的要求。企业公民身份运作的核心是合作关系，在这种合作关系中，企业及其重要利益相关者（政府机构、社区或特殊利益团体、学校等）相互配合，对复杂的社会问题做出反应。总之，企业公民对企业社会责任的超越既体现在理论方面，也体现在实践方面。在理论方面，从企业在未来公共生活中的地位看，在经济全球化的进程中，企业越来越成为公共生活的一个基本样式和公民个人表达其意志的主要途径。作为公共生活文化基础的公民伦理，必然是企业文化未来建设的核心架构。这为企业文化的未来发展指明了方向。在实践方面，当前企业社会责任存在诸多治理困境及难题。作为伦理学、社会文化学和法学交叉的范畴，"企业公民"较之于"企

---

① 参见沈洪涛、沈艺峰《公司社会责任思想起源与演变》，上海人民出版社2007年版，第 213 页。

业社会责任"在精神表达、行为展示和责任承担上更具有公民意味，也更符合企业的社会存在本质和存在特性。企业公民隐含着承担责任的前提和保障，使得"责任治理"从被动转向主动，拓宽了治理路径，极具实践价值和意义。

三 企业公民在社会法制环境中的角色

企业基于企业公民理念扮演着"次政治"或者"曰政治"的角色，它在一定程度上取代了政府起着某些关键的作用。因此，企业对当前社会法制环境和私人领域的影响巨大而深刻。那么，企业又该对谁负责。到目前为止，我们可以肯定地说，企业不可能只对股东负责。或者说，如果从消费主义的角度看，消费者对于商品的选择行为在相当程度上是对于企业的信任与不信任的选择，这种选择的结果会决定企业的生存与否，因而，企业可以不对消费者负责吗？答案显然是"不可能"。再者，除了消费者外，社会大众、一般民众和政府等也都在对企业进行监视，等于无时无刻不在对企业进行选择。例如，耐克公司长期以来以商业机密为由，隐瞒它散布在全球的下游厂商（即代工鞋厂），但在全世界相关的圆桌会议以及联合国组织等要求了解该企业厂商的劳工条件和工作权利下，耐克受到了强大的压力，最后被迫还是公布了若干厂商的信息。① 因此，即使不是法律的规范性要求，为了实现有效的商场交易和达成社会法制环境的新要求，企业都要面对此等透明度的挑战。而这样的挑战也是企业作为企业公民所必

---

① 唐更华：《企业社会责任发生机理研究》，湖南人民出版社 2008 年版，第49 页。

须达到的要求之一，因为"仁者爱人"。①

回顾我国的企业公民实践，越来越多的企业关注如何去做一名优秀的企业公民，并积极实践自身的企业公民角色。2005 年 11 月 17 日，由中国社会工作协会发起的企业公民委员会在北京宣告成立。该委员会的首批 190 多家企业代表共同签署了《企业公民宣言》，宣言称："企业不仅是企业，而且是一个放大的人，是集群化的公民。企业不仅是企业，更是社会的。企业不仅是一个生产经营单位，更是构成国家经济和社会基础的企业公民。企业不仅要对今天负责，也要对明天负责。"这一宣言昭示着在经济全球化过程中，中国企业已经开始走出单纯的经济营利模式，转而追求一种经济和社会责任兼具的企业形象。这无疑将推动越来越多的中国企业踏上通向企业公民的道路，在社会法制环境建设中发挥更大的作用。

第三节　企业表现：企业社会责任与社会法制环境的镶嵌

企业以"公民"的身份自居，更使得企业与社会的关系论证加入了新的观点与思维，镶嵌（embeddeness）、伙伴关系（partnership）、社会资本（social capital）等，也因此成为这场关系论证的主要元素和话语。马克思在《资本论》中提出："资本来到世间，从头到脚，每个毛孔都滴着血和肮脏的东西。"② 资本的"原罪"问题一直是理论界争论的热点，民众敌视企业家的"仇

---

① 《孟子·离娄下》。
② 《资本论》第 1 卷，人民出版社 1975 年版，第 829 页。

富"心态加剧了原罪的争论。[①] 而企业乐善好施、扶贫济困，向世人展示自己承担社会责任的良好形象，则会使企业以扬善来否定、淡化"原罪"形象。现在为应对社会环境提出的新要求，企业更以一种"公民"的身份镶嵌于社会环境之中，以积极的形式展示企业承担社会责任的表现。

一　企业的主流化

从企业的边陲（margins）到主流（mainstream）。企业逐渐超过对法律的顺服与传统慈善的部门界限，认为决定企业的成功与正当性的关键，在于企业公民连接社会以落实企业的策略、责任、法律议题、治理与风险管理等。企业能符合，甚至超越社会大众对于企业在法律、道德与商业运营方面的期待水准，以日常行动促进社会正面发展。时代对于企业能力的要求是综合性的，企业在社会中的"经营礼法"越来越受到重视。企业应该在认识到自身也是社会一员的基础上开展扩大销售额及提高收益水平等的经营活动。[②] 同时，企业以承担社会责任的形式多元拓展企业空间，重视无形资产的诞生，不但兼具行销和传播的效益，还能促进社会的正面发展和进步。再者，企业社会责任以互动为导向，可促进企业与社会法制环境的了解，协助解决更多的社会问题。

我们知道，经济行为、法律制度与社会建构有着难以割舍的

---

① 单忠东等编：《中国企业社会责任调查报告（2006）》，经济科学出版社 2007年版，第 154—156 页。

② ［日］立石信雄：《企业的礼法》，杉本智生译，欧姆龙株式会社 2007 年版，第 20 页。

关系。因此，舍却经济因素的考量，是无法全然一窥政治运作与社会的实际情况；相同地，我们也无法单从经济的分析，而不思考与经济活动息息相关的其他法律、政治、社会因素，尤其当代社会建立在分工精密、关系复杂、密集互动的环境中，更是难以用学科分际对世界做一刀两面的切割。因此，原先互不干涉、相互独立的企业与社会的疏离关系，可以重新产生新的对话与连接，而镶嵌、伙伴关系和社会资本等，也成为这种连接的主要元素和话语。随着企业社会责任理论与实务的发展，从传统经济与伦理的二分途径，到当代的企业公民途径，衍生出一种竞合性的整合架构，使得企业本身从单纯的"法人"组织，朝向具备整合思维与学习能力之公民资格的"准自然人"形态或者有机体[①]，也使得企业不再是独立于社会的独立机构。换言之，企业与社会从过去相互独立的两个部门转为朝向一种强调"镶嵌"、"伙伴关系"的互动形态，而这种关系导向的社会责任也逐渐受到普遍的认同。在这种新框架下，社会责任就成了连接企业与社会法制环境紧张关系的缓和剂。企业的未来竞争力和企业的形象优劣，今后将成为决定企业未来存亡与否的关键。而落实企业社会责任，必然能为企业的整体形象加分。这一方面可以提升社会大众对企业的评价，另一方面则可以提高企业永续发展的可能性。如果组织缺乏显著的未来竞争力，缺乏社会责任意识，无论现有产品品质多好或业绩多高，也无法在投资市场获得多数认同。

---

① 具体的观点可以参照康德的著作，例如《判断力批判》，邓晓芒译，人民出版社 2002 年版等——笔者注。

二　企业的责任化

（一）关注利益相关者的权益

从权利的维护（assertion）到课责（accountability）。企业在丑闻与公司治理的需求中苏醒，使得企业从股东权利的维护转向对利益相关者的负责，企业也从关注财务报表，到更为关注企业自身的透明与课责，及其对社会、经济与环境的影响。企业批评的产生以及权力与责任平衡思想的发展，使得企业对社会环境越来越关注。社会环境是由诸如人口统计数据、生活方式和社会价值观等社会因素组成的，同样体现人们如何思考和行动以及为人们所重视的一系列情况、事件、态势，也可看做是社会环境。当企业觉察到社会环境和社会对企业的期望发生变化时，企业就必须意识到他们自己也必须做出相应的改变，以更好地关注利益相关者的权益，适应社会环境的新要求。

（二）社会资本作为强化企业责任的凝结剂

布迪厄清楚地表明，社会资本包括两个要素：第一，社会网路（社会关系）本身，它使个人可以获得其社团拥有的成员；第二，这些资源的数量和质量。此外，在最初的分析中，布迪厄还试图表明，社会网路不是自然给予的，必须通过投资于团体关系制度化的战略来加以建构，它的用处体现为它是其他收益的可靠来源。[①] 美国政治学家罗伯特·D. 普特南认为，"与物质资本和

---

① 万俊人：《道德之维——现代经济伦理导论》，广东人民出版社 2000 年版，第 179—180 页。

人力资本相比，社会资本指的是社会组织的特征，例如信任、规范和网络，他们能够通过推动协调的行动来提高社会的效率。"①因此，按照普特南的定义，社会资本首先是由公民的信任、互惠和合作有关的一系列态度和价值观构成的；其次，社会资本主要体现在那些将朋友、家庭、社区、工作及公私生活联系起来的人格网络；第三，社会资本是社会关系和社会结构的一种特征，有助于推动社会行动和提高社会效率。普特南还明确指出，社会资本具有因为使用而增加，而如果不被使用则将萎缩或缩小以致耗尽的特性。企业的社会资本不仅是企业经营发展的必要条件，而且也是企业经营发展过程的客观要求；良好的社会资本不仅可以保障企业经营的顺利发展，而且可以减少企业经营的交易成本、降低企业的经营风险。为此，企业必须注重开发、培育社会资本。虽然企业的社会资本具有某些先天的成分（即先赋性社会关系），但多数是靠后天的努力获取（即获致性社会关系），并且随着社会的发展，获致性社会关系的重要性逐渐凸显。这意味着企业可以而且应该对社会资本进行投资，以开发、培育社会资本，尤其是通过自身的努力改善与提高社会资本的质量。社会资本与物质资本区别在于它不会因为使用但会由于不使用而枯竭。事实上，只要参与者保持优先责任、维持互惠与信任，社会资本就会因使用而得到增进。如果不使用，社会资本就会迅速恶化。②

---

　　① ［美］罗伯特·D. 普特南：《繁荣的社群——社会资本和公共生活》，杨蓉编译，《马克思主义与现实》1999 年第 3 期。

　　② ［美］埃莉诺·奥斯特罗姆：《社会资本：流行的狂热抑或基本的概念?》，龙虎编译，《经济社会体制比较》2003 年第 2 期。

信任是社会资本的核心理念，企业社会资本的开发与培育本质上就是要求企业与利益相关者建立起良好的信任合作关系。而信任的获得必须建立在自身诚实守信的基础上，只有自身诚实守信才能获得对方的信任，从而与之建立起良好的信任合作关系。对于诚与信的关系，中国古代圣贤论述颇多，"但从主导的方面分析，似乎'诚'更多是对己的，而'信'更多是对人的。'诚'首先是诚于己，即孟子所说的'反身而诚'，然后才是'忠恕'所要求的'诚以待人'。"① 一个人能够诚于己、诚以待人也就必然是守信的，也就必然获得对方的信任。对于企业来说，这个原理也同样适用。因此，企业要想获得对方的信任，就必须基于自身诚实的经营行为。现代意义上的诚与信又往往是不分的，所以当我们讲企业社会资本的核心时，就是说企业要讲诚信。诚信作为社会资本的核心表明，企业的社会资本来源于企业经营过程的诚信，这不仅包括了企业的所有者、经营者及其内部所有成员在建立社会关系网络中所做出的贡献，更重要的是企业整体作为一个社会成员所表现出来的社会诚信。在企业的经营活动中，经营者只有遵守企业道德规范，企业珍视商业信用，看重品牌，加强管理行为的社会约束，承担企业应承担的各种社会责任，企业才能真正地树立高度的社会诚信，才能充分地获取和利用社会资源，从而最终能促进企业的经营与发展。

总之，企业要经营发展，就必须培育、开发社会资本，社会

---

① 樊浩：《"诚信"的形上道德原理及其实践理性法则》，《东南大学学报》（哲学社会科学版）2003 年第 6 期。

资本之优劣取决于企业有无与利益相关者良好的信任关系，而良好信任关系的获得依赖于企业自身在经营过程中讲伦理、守法度、行公益、诚信经营。这说明企业在经营过程中必须充分考虑其与利益相关者的关系，承担其应尽的各种社会责任。

三　企业的合作化

从"老大心态"（paternalistic）到"伙伴关系"（partnerships）的建立。社会环境动态、复杂与分歧的发展，使得过去企业领导者独断独行的自我意识受到了严重的挑战，更多的利益相关者与关键团体的参与、咨询与合作，成为企业面对社会风险的最佳实务。企业成功的关键在于加强与其他团体、利益相关者等的交流与合作，从而打破企业唯我独尊的局面，在企业与其他团体、利益相关者等之间建立和实践一种良好的伙伴关系。随着社会大众对企业的期待日益高涨，消费者日益关心与企业社会责任有关的问题，企业供应链关系也常被拿出来批判、讨论。例如麦当劳肉鸡的鸡舍的环境卫生、肯德基土豆泥的土豆来源、花旗银行对三峡大坝融资的环保问题等，均曾是沸腾一时的新闻。与此同时，企业的合作伙伴也越来越要求企业承担相应的社会责任，同承担社会责任口碑较好的企业进行合作，将给企业自身带来良好甚至意想不到的收益。企业在承担社会责任方面的相互合作，即通过沟通而推动的集体行动，不仅更有效地改善竞争环境，成本也因分摊而降低。① 通过这种广泛而深入的合作，不仅将企业自身的社会效应扩展到其他地

---

① 唐更华：《企业社会责任发生机理研究》，湖南人民出版社 2008 年版，第 228 页。

区和国家，也为企业与其他合作企业的进一步发展提供了广阔的市场空间和强大的人才储备。

第四节　企业反应:社会法制环境对企业社会责任的期待

为了应对社会法制环境的变化，以及社会对企业承担社会责任提出的新要求和新期望，企业必须时刻准备着对这种变化做出反应，从而使企业承担其应尽的社会责任。

一　企业反应的阶段

在企业反应的第一个阶段，企业开始认识其周围社会环境的组成，它需要在其运行中作出反应。清醒的认识可能有赖于利益相关者期望的变化，不管是否存在利益相关者的压力，基于对社会环境的感觉，企业管理者应当理解，它必须对突发事件、社会观点或者趋势作出恰当的反应。企业的最高管理决策层应该认真仔细地制定政策，指导企业的反应。这些政策也会对企业其他方面的反应提供指导。例如，新的生产政策可能带来消费产品的更优质量控制，可能消除工作事故，同时也可能减少水污染等。

学习阶段是实施企业反应的第二个阶段。一旦识别出某个社会问题，企业就必须学习如何处理此种问题。专业学习及管理学习是企业必须进行的学习内容。当企业聘用社会专家为经理或其他高层人员提供咨询，就发生了专业学习，例如，企业聘用训练有素的专家讲授社会环境的发展和变化给企业带来的影响和企业应采取的措施。无论是社区文盲问题、对少数民族人员或者女性的歧视问题，或是有毒性化学物品的处理问题等，社会专家都会在企业面对不熟悉的社会问题时，为其提供重要的帮助。当企业的管理者和负责人——那些管理组织的日常事务者——逐渐熟悉处理某个新社会问题的必要惯例时，就发生了管理学习。

组织投入阶段是实施企业反应的第三个阶段。[①] 为实现完全的反应，最后一步也至关重要即组织将新的社会政策制度化。在前两个阶段所制定的新政策和学到的惯例必须在整个企业得到广泛地接受，使其成为企业运作的一个正常组成部分。换言之，它们应当成为企业与其运行程序的一部分，使得每个雇员都能够深谙此道。

二　企业反应的实施

目前，企业面临的社会事务对企业及其做法的冲击出现了前所未有的增长，企业社会责任越来越受到社会的关注。为应对这些挑战和压力，企业应更加重视社会环境的变化，对此做出更多的努力。企业如何才能具有更好的反应能力，从而更好地承担其应尽的社会责任成为企业必须面对的问题。企业反应的实施主要有以下三个方面。

（一）企业高层的有效管理是企业更好地承担社会责任的重要条件

企业的管理者不应仅考虑近期的、核心的利益相关者的利

---

① ［美］詹姆斯·E.波斯特、安妮·T.劳伦斯、詹姆斯·韦伯：《企业与社会：公司战略、公共政策与伦理》，张志强、王春香等译，中国人民大学出版社 2005 年版，第 83—84 页。

益，而是应考虑所有利益相关者的利益。他们应认识到社会环境在更长久更深远的层面上对企业的影响。企业既是一个经济组织，同时也是一个社会机构。企业在其社会环境中应该如何处事，主要取决于企业管理者的价值观和信仰——他们的企业应在社会中扮演什么角色。① 如果企业管理者对社会力量的影响较为敏感，并努力改变与利益相关者之间的关系，企业就将接受这样的观点。在对突发的社会事件做出反应时，与那些仅从经济角度理解其企业社会责任的管理者相比，这些管理者将更有可能及时修改企业政策和行动方案。

（二）反应战略是企业有效反应的关键

这种战略的出发点是强调合作和问题解决机制。它的特别之处在于强调以信任和开放式的沟通为基础，维持与企业各种利益相关者的长期互动关系，而不是一味地"避让"。这种合作特征是管理者通过参与政府咨询机构和其他协会等方式，追求各方互利的妥协和解决方案来实现的。企业及其管理者都非常明白，维持与利益相关者的现行关系以及建立问题解决的有效战略将有利于企业的长期生存。企业的长期生存和发展是企业承担社会责任所要达到的最终目的。

（三）反应结构是企业有效反应的基本条件

企业要成为有效反应的社会组织，下一步就是要改变组织的结构，以便对于外部社会挑战反应更为敏感，也更有能力去实施反应战略。这种反应结构来自于企业内部对社会责任所持有的信

---

① 引自［美］詹姆斯·E.波斯特、安妮·T.劳伦斯、詹姆斯·韦伯《企业与社会：公司战略、公共政策与伦理》，张志强、王春香等译，中国人民大学出版社2005年版，第86页。

仰和价值观，并通过企业的反应战略表现出来。例如，细化组织结构，成立企业社会责任部门以便更好地为企业承担社会责任出谋划策。

发布符合企业实际情况的社会责任报告是企业有效反应的重要环节。在企业承担社会责任的过程中，通过社会责任报告的形式对已有的成绩进行归纳，对不足的地方进行总结，使企业在承担社会责任时有经验可循，进而使企业更好地承担社会责任。

第三章　行政法制视角与企业社会责任

企业如今存在的环境已和过去大不相同，政府与企业之间存在着密切的联系，它们互相关联，密不可分，相依共生。尽管当前行政法制环境中存有影响企业发展的不利因素，但企业主管者如果能够洞烛先机，那么许多不利的因素反而可能会变成事业成功的转机；企业主管者若能对行政法制环境加以必要的关注，则对企业而言不啻如虎添翼。

第一节　政府与企业

诚如俗语所言"合则盛、离则衰"，政治和企业是不可能完全分离的。企业除追求利润外，更应在政府、法律以及社会的期待之内寻求合理的生存空间。未来的政府并不一定要继续扮演过去"领导者"和"管理者"的角色，反而应该成为像企业所期待的"支持者"和"服务者"。现代政府的责任在于提高行政的效能、改善国内的投资环境、维护金融秩序与股市的稳定，让经济的发展透过公平的竞争走向完全自由化和国际化。循此原则，企业自然能够蓬勃兴盛，再创造一个又一个的经济奇迹。在政府与企业的关系中，首先必须在企业与政府之间画出一条十分清晰的权力界区，明确企业与政府各自权力的范围，然后再依据权力与责任对等的原则，分析企业与政府对各自的要求，划定企业与政府各自的责任和角色。只有在此基础上，才能形成企业与政府之间公正、合理、协调的关系架构。企业权力指的是生成一种效果，对一种事态或一批人施加影响的能力或力量。① 随着经济社会的不断发展，企业的权力也存在着不断扩张的趋势。企业权力的延伸和扩张将会对整个社会产生越来越广泛的影响。这种影响不但会波及原有的社会经济领域，还会扩散到社会的政治领域和文化领域。在企业活动中，对企业权力的约束最为有力的力量来自于政府。虽然政府的这些权力主要来自于宪法或法律的授权，但政府在各种政策的制定和实施，法规的起草和法律的执行以及对市场和企业行为监督方面都拥有巨大的权力。因此，我们必须清醒地认识到，随着企业权力的扩张，必须在政府与企业之间建立起更加全面和可靠的关系架构。

一　政府的责任和角色

（一）政府的责任

政府对企业的责任包括政府在经济方面的责任、政府在服务方面的责任、政府在法律方面的责任和政府在监管方面的责任四种。

---

① ［美］阿奇 B. 卡罗尔、安 K. 巴克霍尔茨：《企业与社会伦理与利益相关者管理》，黄煜平、朱中彬等译，机械工业出版社 2004 年版，第 11 页。

1. 政府在经济方面的责任

政府要为企业的经济活动制定和提供公平、公正、自由、平等、竞争、开放、有序的社会经济环境及市场环境。政府的责任在于制定严格的市场进出规则，市场交易规则和市场竞争的规则，保障企业合法生产经营的权利，审查市场主体的资格，制定严格的市场交易条件，引导和规范企业的竞争行为和交易行为，对企业的生产经营和交易所依赖的原材料市场、商品市场和货币市场等制定出不断完善的市场运行规则和管理制度，并使之法制化。同时，引导和约束企业守法合规的经营，依法照章纳税，使企业的活动在良好的社会、政治和市场环境中，在完备的制度和严格的规范下正常进行。

2. 政府在服务方面的责任

政府在服务方面的责任体现在政府是企业所需公共产品和服务的提供者。企业的生产经营活动所必需的资源一方面依赖于企业自身从市场上加以购买；另一方面则依赖于政府提供必要的公共产品及服务，而这些公共产品和服务则必须由政府来加以提供。政府的责任在于使公共产品和服务提供的内容和范围、水平和质量，能够有效地满足企业经营发展的需要。政府的服务责任还体现在政府是国内企业与国外企业和政府利益关系的协调者。随着投资与贸易的发展，越来越多的国内企业进入了国际市场，同时也有许多国外的企业包括跨国公司也在不断地进入国内市场，以谋求扩大投资、生产和贸易。通过政府政策的协调，为本国企业取得在海外市场获得合理、公平、公正的投资与贸易的权力与机会，并有效地解决和处理国内企业与国外企业和政府之间在许多经济领域存在着的摩擦、矛盾和冲突。

3. 政府在法律方面的责任

政府要为不同类型的企业制定相应的法律制度框架。政府必须通过相应的企业法、公司法及相关经营业务的法律章程，对各类企业行为进行明确的限定和规范，使各类企业一方面既能够在相应的法律和市场规则的指引和约束下从事企业的经济活动；另一方面又能对不同类型的企业利益及利益相关者的权益和社会的利益进行有效的维护和保障。

政府是企业从事生产经营活动及企业产品的服务技术标准、生产工艺标准、质量标准的制定者。企业可以是某些标准积极的倡导者和起草者，企业也可以有自己的标准规定，但由于生产经营活动及其产品服务涉及整个社会的利益和安全，因而必须由政府来行使相关标准的制定权、发布权、解释权和执行的监督权，以确保这些标准制定的科学性、公正性和权威性。

政府的责任还广泛地体现在政府应建立完善的企业政策，引导、鼓励和扶持企业的发展。政府应制定科学合理的产业政策和区域发展政策，在税收、技术以及知识产权保护等各个领域制定相关的法律和政策，履行其扶持企业发展的义务，为企业的发展消除体制与政策上可能存在的各种障碍。

4. 政府在监管方面的责任

政府的责任体现在政府是企业活动的监督者。[①] 在企业的经济活动中，会由于各种原因而引发企业行为的失范，例如生产或者提供假冒伪劣产品、虚构报表和信息等。这些失范或违反法律

---

① 田广研：《企业裂变——企业与社会》，中国社会科学出版社 2007 年版，第228 页。

的企业行为，单靠企业的自律是无法做到的。政府必须尽到监管企业的责任。这种监管责任的到位，一方面是对其他企业合法权益公平、公正的维护；另一方面也是对全社会利益真正的保障。

政府的责任还体现在政府是企业行为的干预者。企业作为以赢利为目的的经济组织，其经济行为的实施受到许多具体因素的影响和制约，随时都可能促使企业采取不同的策略和经营手段以实现自己的目的，从而导致企业的经济行为充满变量和不确定性，而这些充满变量的企业行为的集合就有可能形成对宏观经济运行巨大的影响力和冲击力，可能导致微观经济利益和目标与宏观经济利益和目标在许多方面的冲突和矛盾。为此，政府必须加强对企业行为的干预。

政府责任最后还体现在政府往往通过确定社会经济发展的长期目标和近期目标，并采取相应的宏观调控手段，来调节企业的行为。政府有责任对企业的经济行为进行必要的引导、约束或禁止，一方面为企业的经营提供良好的宏观经济发展的环境和发展的预期；另一方面促进企业的行为选择尽可能地与宏观经济发展的目标和利益要求相吻合，预防和纠正企业行为给宏观经济的健康运行所带来的问题。因此，政府有责任在企业利益与社会利益之间建立起相互促进、相互协调、和谐共赢的关系格局。

（二）政府的角色分析

在现代市场经济条件下，政府和企业二者之间相互依赖、不可或缺几乎已成共识。对于政府在市场经济中如何进行角色定位，这种角色定位对企业活动以及企业经营有何影响，政府应在多大程度上干预企业经济活动的运行等问题，也已经开始受到国内外学者的广泛关注。① 从总体上来看，政府可以分别扮演消费者、裁判员和投资者三种角色。②

政府的消费者角色。政府利用行政权力为市场经济的运行、发展创造种种必要条件，提供多方位的社会公共服务。例如，加强基础设施建设，建立社会保障体系，发展公共文化、卫生、教育事业等，从而为市场主体间的竞争创造出良好的经济和社会环境。因此，各级政府及其所属机构为了开展政务活动和提供公共服务，以公开招标为主要方式，由专门机构从国内外市场上采购公共产品和服务。这时政府作为一个特殊的消费者，直接参与市场经济活动。

政府的裁判员角色。在市场运行中，每一个市场主体都参与了激烈竞争。要竞争就需要按照竞争规则进行，否则市场秩序就会出现混乱。因此，政府作为市场的裁判员，负责在确立市场主体的经济自由权的基础上，制定具体的行为标准和规范，消除竞争障碍，维护竞争秩序，提高竞争质量，促进竞争发展。一般来说，这些规则的表现形式是公共政策。政府不仅需要懂规则，而且更需要公正，需要有责任心即需要具有强烈的现代市场的"裁判意识"。政府把自己置于裁判地位，不直接参与任何一个市场经济主体的活动。

政府的投资者角色。投资分为实务投资和证券投资。投资者（或投资主体）是指具有独立投资决策权并对投资负有责任的经

---

① 张得让、陈金贤：《政府采购中理性政府行为的角色分析》，《财政研究》2001年第11期。

② 卫武：《企业政治策略与企业政治绩效的关联性研究》，浙江大学出版社2008年版，第108页。

济法人或自然人。投资主体大致包括政府（中央政府和地方政府）、企业、个人、国外投资者等。从财政支出角度看，政府投资是政府购买支出中有别于一般消费性或直接消费性支出的部分。它是政府为了实现其职能，满足社会公共需要，投入财政资金用以转化为实物资产的行为和过程。从政府采购的角度来讲，政府投资是政府对公共工程或企业的投入。因此，政府的投资者角色是指政府以投资主体的身份，使用公共资金，为满足社会或企业的共同需要，从市场上购买公共工程过程中所承担的角色。

总之，政府在市场经济中所扮演的各种具体角色通常为：政府制定企业间的"游戏竞赛规则"；政府是企业产品和服务的主要购买对象；政府是企业界的主要支持者；政府是大多数生产设备和资本的所有人；政府是经济成长的设计者；政府是企业界财源的供给者；政府是保护社会上不同利益，以对抗企业剥削的仲裁机构；政府直接管理各种不同领域的企业。这些角色间接地说明了企业与政府间联系的相互关系、影响力和复杂性。

二　企业的要求和责任

（一）企业的要求

政府和企业是现代社会两大最有力量的组织，两者之间的关系从合作到竞争，从友好到对立。这种复杂而又动态变化的关系，对经济运行和国民生活的变化产生了巨大的影响。政府与企业之间的关系具有不稳定性，每一方都拥有特定的力量，一方对于另一方在一定程度上都存有依赖性。事实上，每一个现代工业化社会，都是一种混合经济的形态。在这种经济模式中，公共部门和私人部门以多种形式相互作用。[①] 企业的权力和力量已经得到广泛的认同，尤其是在美国和其他西方国家，公众坚定地信仰私人市场和竞争的作用，以及独立的企业在最大程度上限制了政府控制经济和干预私人企业运行的能力。随着企业的不断崛起和力量的日益强大，企业对政府的要求也日益提高。在企业与政府的关系架构中，一方面政府要充分有效地履行自己的职责；另一方面要通过制度性的安排来最大限度地满足企业的生产与发展的各种要求。本文中企业的要求并非是指企业一般的要求，而是特指企业对政府的要求。企业对政府的这些要求，既反映了企业的利益，同时也是企业正常生产经营活动所不可或缺的外部条件。企业对政府的要求集中体现在以下一些方面。

政府应为企业创造和提供健康、稳定、有序、良好的经济发展环境。社会宏观经济环境和市场状况是企业生存和发展所依赖的基础。社会宏观经济环境的状况，不但对企业自身的生产经营活动产生重大的制约和影响作用，而且还影响到范围更加广泛的与企业经济活动紧密相关的其他企业、用户或消费者、供应商、销售商、银行等的经济行为和经济利益，这些受宏观经济环境变动而导致经济行为的变化，反过来又会汇集成对社会更为深刻的连锁影响，完全有可能会给企业的生产经营造成无可估量的困难和损害。因而，企业要求政府尽最大的努

---

① ［美］默里·L. 韦登鲍姆：《全球市场中的企业与政府》，张兆安译，上海人民出版社 2006 年版，第 5 页。

力来保障和维护社会宏观经济环境的稳定和宏观经济健康有序的发展。

企业要求政府尊重和维护企业合法的利益。企业的合法权益是企业得以维系正常经营活动所必需的利益，任何对企业合法权益的侵犯或限制都可能导致企业经营活动受到巨大的障碍，甚至难以进行。这不但直接影响企业作为资源选择和配置的重要主体，有效完成向社会和市场提供产品和服务，以满足利益需求功能的实现，更为严重的是将破坏整个社会生产、流通、交换、分配等各个环节的经济运行，甚至造成国民经济功能的紊乱和社会财富创造能力的削弱。保护企业各项合法权益是企业要求的核心内容所在。

企业要求政府提供公平、公正、公开、平等、自由、竞争、开放的市场秩序，为企业各种生产要素的流动和资源的有效配置提供良好的竞争和交易的市场条件。企业的生产经营活动对市场有直接的依赖性，企业无论是作为供给的一方，还是作为销售的一方，无论是生产要素的需求，还是产品服务的销售，都与市场有着密不可分的关联性。

企业要求政府制定合理的税赋，以保证和促进企业的活力和效率。政府依法向企业征收各种税赋是政府的重要权力，也是企业为政府和社会应尽的责任和义务。但这种向企业征收的税赋必须建立在企业能够承受的合理范围之内。企业要求政府的税赋政策保持相对的稳定性和灵活性。稳定性可以带给企业未来预期收益的确定性，灵活性可以使政府根据不同阶段社会经济发展的状况及企业的差异给予适当的调整和变更，以促进企业利益与政府利益的平衡与协调。

企业要求政府的各项法律及政策应具有良好的公开性和透明性，这包括各种法律、政策的制定过程、修改过程和执行过程，都应体现公开和透明。由于政府的法律或政策的制定、修改和执行，涉及许多企业的切身利益，并对企业的生产经营活动产生巨大的影响，因而企业要求在这些方面有充分的知情权和参与权。

企业要求政府消除行政垄断，消除政府对企业、对市场不合理的控制，为企业经营创造和提供自由发展的空间和制度性的条件。在现实的经济生活中，政府出于多种原因，在一些领域不同程度地存在和实施着某些行政垄断行为，通过行政垄断控制着资源的流动与分配，控制着市场的进入和市场的竞争，控制和影响着财富的占有和分配，影响着企业的竞争与发展。政府的行政垄断在经济发展的某些阶段，在有些领域、方面有其存在的必要性和积极的作用。但在另外一些领域，消除政府行政垄断，引入企业和市场的竞争，则更能有效地去引导资源的流动和资源的配置，给经济注入更具有活力的竞争因素，促进企业为市场、为社会提供更加质优价廉的产品和服务，增进全体社会成员的福利。

企业要求政府积极地承担起企业劳资关系的仲裁者和协调者的责任，帮助企业有效地解决与社会的矛盾、摩擦和冲突。企业与雇员双方都会因各自的立场与利益选择的不同而出现两者之间的矛盾，而一些矛盾和冲突是企业自身所无法真正予以解决的。在这种时候，政府的介入、协调和仲裁，往往是解决问题最为重要的甚至是唯一的途径。企业要求政府站在公正的立场之上，合理地、妥善地处理和解决企业劳资双方的分歧与矛盾，并协调双方之间的关系，维系企业正常的生产和经营。企业对政府的这一要求，不但有利于劳资双方关系的和解，更有利于企业劳资问题得到迅速、公正的解决，而且企业劳资关系的融洽与合作是维系社会经济稳定发展的一个重要因素。

（二）企业的责任

传统的观点认为企业原则与政治原则之间无任何牵连，而现在学者们普遍肯定企业原则与政治原则的一致性。企业在社会所扮演的角色离不开企业作为某种政治公民的身份，虽然企业应以何种政治公民的身份自居，学术界仍有争议。当今世界，社会的危机越来越严重，不论是区域战争，还是粮食食品危机，甚或是核威胁，都在考量着政府或政府间的能力。这些问题不是短期的，甚至都是长期的，影响面大，范围涵盖广，我们都希冀政府在这些危机中扮演一定的积极角色，也就是通过国内国际法等的修订以保障公民的权益不受威胁和侵害。然而，政府本身也是这些灾难的受害者，它们的能力也是有限度的。为什么作为权益保护者的政府转而却无法保护它的公民，原因是多方面的，例如某些机构的不负责任，公务人员的腐败、堕落，行政效率的极其低下，上有政策、下有对策等。所以，作为日趋强大、日渐崛起的企业，在这种颇具"时势造英雄"的情境下担负了更多的使命和职责。因此，我们也将专注的目光由政治的领域投向商业的领域，我们认为不应该将许多重要的领域完全交由政治制度来实现，也不必期望政治家去实现他们的理想。企业本身乃至企业以外的组织或民间团体等都可以扮演"次政治"的角色，而在实际上承担政治的某些功能。如此，企业在扮演"次政治"的或者政治的角色之后，它对当前社会的公共和私人领域的影响和推动将是如此的巨大而深刻。在现代社会，政府扮演着为企业和公民需要服务和实施社会公正的角色。在这样的制度框架下，企业要按照政府的有关法律和法规的规定，合法经营、照章纳税，承担政府规定的责任和义务，并接受政府的依法干预和监督，不得逃税、偷税、漏税和非法避税。企业必须通过向政府纳税的途径支付使用公共资源的费用、获取国家安全保障的费用、得到立法支持的费用等。同时，企业对政府的责任还包括支持政府的社会公益活动、福利事业和慈善事业等。

三　政府与企业的关系

在现代社会中，除了生产和分配之外，尚有其他社会性目标如提供一个安全的工作环境、平等的就业机会、公平的酬劳、干净的空气、安全的产品等。当这些社会性目标加诸原有的经济目标上，企业界的活动即变得非常困难。即使附加了这些较倾向于社会性的目标，它们也不会自动地影响企业决策及运作。实现这些社会性目标的责任，最后落到了政府的肩上。企业与政府之间这种利益的一致性与非一致性的并存，是企业与政府之间关系的本质所在。企业与政府之间这种利益的一致性与非一致性的并存，又是通过两者之间完全不同的追求目标体现出来的。[①]基于前文对企业与政府的要求和责任以及政府所扮演的各种不同角色的研究，我们可以初步了解企业与政府之间存在着十分重要的关系。

---

① 田广研：《企业裂变——企业与社会》，中国社会科学出版社 2007 年版，第226 页。

（一）政府对企业的影响

政府对企业有着重大的影响力。企业的权力来自政府法律的授权，政府规范着企业权力的行使与运用。第一，政府使用非法规范性策略（即是"道德规劝"，又可称为"政策规劝"）对企业施加影响。这种非法规范性策略是政府恳求的一种泛称，具体而言，例如，促使整个企业界或某几种行业降低售价，或使劳工界抑制其用工需求。第二，政府使用不同形式的"政府压力"或是强制性手段，其范围可从公开责罚个别公司或组织到暗中的威迫，以使企业界达成和政府的合约或实现其他的利益。第三，政府也使用补贴（需符合相关的资格）及征收契约的方式，以控制企业行为。譬如，政府详细地载明了企业界所需交付的货品、附加的服务及其他要求——如雇用及训练少数民族或者弱势群体、支持和扶助经济萧条地区或小生意人等。第四，政府有向企业征税的权力，企业的财产权、经营权及收益权都需得到政府的认可和保护。第五，企业需依法登记成立并守法经营，政府通过制定有关规范引导、制约和监督企业的生产经营行为和市场交易行为。第六，政府通过法律、制度来仲裁或处理企业行为及企业之间、企业与公民之间、企业与社会团体之间、企业与社会之间的矛盾与冲突。第七，政府可以从维护自然环境和资源、公民个人的权利、社会大众的利益、国家安全及国家的利益出发来变更、撤销或处罚企业的某些经济活动和行为。第八，政府可以通过各种经济手段、法律手段、行政手段来调解和干预企业的经营活动，以维护整个社会经济健康有序的发展。所以，政府对企业的影响是广泛而有力的。

（二）企业对政府的影响

企业同样有着对政府巨大的影响作用。企业拥有资源选择及配置的权利，这是企业作为生产要素的组织者和产品服务的提供者所不可缺少的重要权利。企业可以通过产品和服务的生产销售，来制约和影响社会需求利益满足的范围和程度；企业创造财富和获得利润的能力直接决定和影响到政府的财政税收、影响政府和国家的经济实力；企业投资及生产经营活动的内容和范围，决定和制约着整个社会资源转化为产品和服务的能力，制约和影响着一般要素和货币转化为资本和财富的能力，从而制约和影响政府的产业政策、投资政策、货币政策、财政政策、就业政策的制定和调整；企业的生产经营及产品服务的数量、质量及价格决定和影响着社会经济发展的结构、质量、速度和总体效益的状况，决定着一国政府及国民财富的总量和分配的状况；企业的经济活动总量和水平也决定着政府对就业的规模、结构和增长状况的判断；企业的进出口贸易与投资服务活动决定着政府外汇储备及国际收支平衡的状况，影响着政府汇率及利率政策的制定和调整变动；企业产品和服务的价格水平变动状况，制约和影响着政府维护物价总水平基本稳定目标的实施和实现。

此外，企业通过对技术的需求、选择、创新、开发和应用，影响政府技术的进步、变革和发展的政策选择；企业通过各种途径改变政府环境与资源开发和利用的政策；企业通过各种途径和手段对自然环境和社会环境施加自己的影响；企业通过利益的输送和转移、利益的追求与保护来影响政府的政策和法律的制定与变更；企业通过自己的经济活动影响政府教育事业、社会保障事业、慈善事业和公益事业的发展；企业的经济活动还影响人们对职业和收入的选择；企业的经济活动还会影响政府在国际事务许多方面立场及政策的选择。

企业影响政府希望达成的目标是，维持一个对企业有利的环境，及时让政府知悉企业的想法，抵消劳工联盟的权势和影响力，提升管理者的政治利益以及抵消那些相左于企业目标团体的力量（例如消费者联盟、环境保护联盟等）等。

（三）政府与企业的相互关联

企业与政府行为相互结合的合力，将共同促进和实现经济的增长和发展，吸纳社会就业，创造更多的社会财富，满足社会对产品和服务的需求，实现投资人对利益回报的追求，提高整个社会的福利水平，扩大个人、家庭、企业、政府财富拥有和支配的数量，改进和提升整个社会人们生活的质量，也促进社会各个领域的进步，增强政府解决自然与社会问题的能力。企业与政府有着共同的利益，这种共同的利益促进了企业与政府之间的合作和相互支持。

由于企业与政府本身具有不同的性质和功能，因而企业与政府之间除了共同的、一致的利益外，还必然存在着众多利益方面的差异性。企业通过资源自由的选择和配置，将资源有效地转化为社会所需的产品和服务，并以此来获取自己的利润或收益的目标，赢利性、自主性、自由性是企业最重要的利益目标；而政府作为社会政策法律的制定者和执行者，代表着社会的公正和良知，代表着社会整体的利益。因而，在企业所追求的微观经济利益与政府所追求的社会宏观整体利益之间客观上存在着差异性，这种利益上的差异性使得企业与政府在理念、行为的选择和追求上，将不可避免地存在着某些方面的摩擦、矛盾和冲突。政府的目标是整体的而广泛的，包括促进和实现社会经济的增长与发展，实现更加充分的就业、物价总水平的基本稳定，国际收支的平衡，保护生态环境，保护资源，提高社会福利和社会保障的水平，促进和实现人们及家庭收入的增长，促进整个社会生活质量和水平的提高，促进和实现社会的公平和公正，消除经济发展中的各种障碍，引导、规范和监督企业的行为，在企业利益与社会公共利益之间寻求协调与平衡。企业的目标则是个体的、单一的，主要就是实现企业对生产经营所需资源的优化配置，不断提高企业的劳动生产率和工作效率，降低成本，控制费用的开支，不断推动和实现企业技术及管理的创新和进步，提升企业在各个方面的竞争力，扩大市场占有的绝对或相对的份额，追求更多的投资回报和稳定增长的利益目标，实现企业资产和规模的扩大，在生产经营中享有更加充分的权利，通过自由的市场交易，实现企业出资人及利益相关者利益的最大化。

企业与政府在目标追求上及利益选择上的差异，使得企业与政府之间具有了更加复杂的关系。

（四）如何改善政府与企业的关系

企业与政府这种相互影响、相互制约的关系格局，普遍存在于企业和政府关系的各个领域。企业与政府之间应该建立起一种相互制约、相互支持、相互促进、彼此信任与合作、谋求共赢与协调平衡的关系架构。企业与政府应共同承担起促进整个社会资源合理、优化配置的责任。企业与企业之间、企业与政府之间、企业与社会之间都应建立起相互协调、相互平衡的利益关系，共同承担起消除社会经济发展的障碍，促进经济社会繁荣发展的责任，以实现社会的进步与发展，从而增进人民的福利。

如何改善企业与政府的关系？在理论上，应该进行系统的预测，以认清将来可能引起社会动荡的一些新问题；进行研究调查，以避免政府与企业因过于密切合作反而引起的一些弊端；对企业活动的动机作系统的分析；对社会所盼望的政府与企业间的合作，进行深入系统地研究。在实践上，这个问题值得讨论的内容包括，在社会规划中引入企业和政府间的合作问题，设计企业行为的标准，加强企业和政府领导人才的培养，对政治活动进行监督以及对法规主管机关的职权加以稽核督导等。这些所列出的内容有助于调和政府与企业之间的关系。当然，这些内容并不意味着我们走向计划社会，而是走向进行计划的社会。在政府与企业之间寻求一条富于理性且合适的途径，以解决如何促进企业和政府共同合作的问题，进而共同促进企业社会责任的承担，是政府和企业共同努力的方向。同时，我们也要有所警觉和防范，避免企业和政府之间产生一种官僚式的共生而遂行其共同的不法利益。

第二节　政府与企业社会责任

许多时候，政府功能的缺陷和政府的不当行政行为会产生政府失灵。政府失灵虽然可以用市场机制来弥补，但市场机制也不是万能的，它同政府职能一样存在固有的缺陷。企业和政府都是社会的重要活动主体，而且企业和政府之间的活动会产生相互的影响，因此通过企业承担社会责任这一有效策略可以尽可能地减少政府失灵所带来的不利影响和后果。

一　政府与企业社会责任的关系

企业承担社会责任可以弥补政府在宏观调控方面的不足，进而更好地维护经济的有序发展和社会的和谐稳定。

（一）政府行为的缺陷

当市场出现失灵的时候，需要政府行使调节的职能。市场活动的成本不一定总能够被分配到当事人的头上，所以，国家在某种形式上的干预是必要的。[①] 但政府在矫正市场失灵的同时，也有可能使自己的调控措施失灵。政府调控措施的失灵主要表现为：第一，政府干预过度。政府对市场进行干预的范围和力度过大，超出了纠正市场失灵和维护市场机制正常运转的合理需要。产生这种情况的原因主要在于，一方面当一个国家从旧经济体制向新经济体制转轨的时期，政府由于受旧的体制、政策和观念等因素的影响，自觉或者不自觉地行使其过去的习惯性行为，造成政府干预经济的范围和力度超越了新体制的发展要求；另一方面政府在使用"看得见的手"进行市场调节的过程中，由于每项政策发挥作用的滞后性，使得政府往往同时采取多项措施，从而有可能会造成其干预过度。第二，政府干预不足。政府一方面需要制定出公平高效的竞争规则和法律法规为市场竞争创造一个良好的法制环境，另一方面通过这

[①]　Shelling，T. C.，"Mirmotives and Macrobehavior"，NewYork：W. Norton，1978.

些竞争规则和法律法规来约束企业的经营行为，平衡企业与社会之间的关系。这就要求政府谨慎地采取干预措施，恰当地行使上述职能。由于政府存在的固有缺点，例如机构设置重叠、协调功能差，政策不配套、不完善，法律法规不健全等，使得政府做出的市场调控力度不够，难以扭转市场局势。第三，政府干预无效。政府干预市场的方式、范围、层次和力度都不能纠正市场失灵，也不能弥补市场机制的缺陷。产生这种情况的原因主要在于，一方面政府为了长远的根本利益，不得不暂时牺牲眼前的利益，政府为了全局的利益，不得不牺牲局部的利益；另一方面是由于政府公务人员的素质不高造成的。政府行为主要是由政府公务人员负责具体实施的，但政府公务人员由于各种原因不遵守有关法律法规，在执行公务时出现有法不依、以权代法、以罚代刑，甚至知法犯法、贪污腐败等情况，使得政府干预行为无效。因此，在政府行为出现缺陷时，可以通过进一步完善市场机制，以企业承担社会责任的方式来克服这些缺陷。企业承担社会责任可以弥补政府在纠止市场失灵过程中的某些不足。

（二）企业承担社会责任对政府的有利影响

1. 企业承担社会责任可以增强政府的政策导向

企业一方面在政策和法规的指导下开展经营活动，为社会提供产品和服务，间接地维护了良好的社会秩序。另一方面企业为了追求其利润最大化而主动地营造有利于自己运营的社会环境。尤其是企业处于市场经济运行的主导地位，使其便于与各种公共政府部门进行沟通和协商，通过一系列的经营活动，对政府的政策和法规进行检验，及时把政府实施的不合理政策措施反馈给政府，为政府制定政策和法规献计献策，从而扭转政府失灵继续发展的趋势，减少政府的失灵。

2. 企业承担社会责任可以弥补政府社会公共管理的不足

政府虽然在整个社会中充当着非常重要的统筹管理角色，但它不是实施社会管理功能的唯一主体，更不可能包办一切社会公共事务。社会上的一切非政府组织、非营利组织、社区组织、公民自治组织等相关利益部门和机构本身就有与政府共同承担管理公共事务、提供公共服务的责任，这些组织或企业既是政府进行社会公共事务管理时的主要管理对象，同时也承担着对相关组织活动的监督责任，是政府管理社会事务的重要辅助主体。尤其是在政府的社会公共管理职能失灵时，充分发挥这些组织或企业参与社会公共管理的作用就显得更加必要。企业承担社会责任可以为利益相关者提供更佳的公共服务，有助于弥补政府社会公共管理的不足。

3. 企业承担社会责任可以弥补政府资源配置的不足

企业是直接利用社会资源进行生产活动的市场主体，政府主要是作为裁判员的角色对资源进行有效配置。企业拥有与政府部门不尽相同的解决社会问题的丰富资源，例如管理经验和管理能力、资金和设备、技术专家和管理人才、灵活的管理机制和决策机制、直接的就业机会等等。而企业在经济活动中有其特有的职能，例如依据生产经营目标，调动和使用资金、自然资源、劳动力等的资源。企业承担一定的社会责任，恰好弥补了政府资源配置功能失灵而导致的危害。由于政府活动有其固有的局限性，政府应该合理地给自身定位，通过多元化的制度和组织结构安排，充分发挥企业的作用和优势，在一定程度上由企业来承担合理利用资源的社会责任。

二　政府推动企业承担社会责任的角色分析

在推动企业承担社会责任上，政府是可以扮演积极的消费者、投资者甚至是裁判者的角色。政府的基本功能是保护及促进共同财产的增长。除了利用法律来执行上述的功能外，政府还可以用其他的政策，以利于公共财产的保护及增长。例如，政府可以利用公共政策，营造有利于企业发展的良好环境，透过授权、激励、共同合作及赞助等措施促进企业的可持续发展。同时，政府可以同工会、非政府组织及民间社团进行合作，建立促进及监督企业行为的机制。政府还通过制定规则指引，鼓励企业公开揭露财务与非财务信息，让股东、利益相关者及公众了解企业状况。虽然现在许多国家的企业信息揭露都属于非强制性的，但有关的信息揭露规则在各国都有良好的发展。政府需要在强制与自愿之间因其实际情况做一个适当的平衡，在维护投资者的知情权及加强公司财务的透明化的同时给予企业应有的弹性，同时，在社会成本及公司成本之间做一个合理的平衡和全盘的考虑。政府亦可以借助参与签署一些主要的国际协议，包括 OECD 多国企业指导纲领①、国际劳工组织"关于多国企业和社会政策的三方

---

① "OECD多国企业指导纲领"是各国政府对多国企业营运行为的建议事项，为一符合相关法律规范的自发性商业行为及标准。其主要目标是希望多国企业的营运目标能与政府一致，加强企业与其营运所处的社会间的互信基础，以及协助改善外国投资气候及强化多国企业对永续发展的贡献。其共有十项指导原则。资料来源于 http://zh.wikipedia.org/wiki/%E4%BC%81%E6%A5%AD%E7%A4%BE%E6%9C%83%E8%B2%AC%E4%BB%BB。

原则宣言"[①]、或引介或倡导一些主要的国际商业规范，如康克斯商务原则[②]（Caux Roundtable Principles for Business）或一些民间研发的相关规范，如 SA8000[③] 等，鼓励企业了解及接受这些全球性的企业规范，使企业对社会责任的承担有一个更为深入的认识。

我国政府及有关部门近年来在企业承担社会责任方面发挥着越来越积极的作用。2006 年 10 月，党的十六届三中全会审议通过的《中共中央关于构建社会主义和谐社会若干重大问题的决定》中明确提出企业要增强社会责任[④]。2007 年 12 月 29 日，国务院国有资产监督管理委员会发布《关于中央企业履行社会责任的指导意见》，提出中央企业认真履行好社会责任，实现企业与社会、环境的全面协调可持续发展。同时，发展改

---

① "关于多国企业和社会政策的三方原则宣言"的目的是，考虑到提倡建立国际经济新秩序的联合国各项决议，鼓励多国企业对经济和社会进步可能做出的积极贡献，以及尽可能地缩小和解决这些企业的各类活动可能引起的困难。资料来源于 http：//www. ilo. org/public/english/employment/multi/download/chinese. pdf。

② 具体内容参见 http：//www. cauxroundtable. org/view _ file. cfm? fileid=75。

③ SA8000 的全称是 Social Accoutability 8000。SA8000 由社会责任国际组织（SAI）最早制定于 1997 年 8 月，成立了机构 CEPAA——标准和认可咨询委员会，委托独立的评估行审查 SA8000 标准的执行情况。SA8000 所推出的社会责任标准取自于国际劳工组织公约、联合国共同人权宣言和联合国儿童权利公约。SA8000 认证程序要求企业在下列领域满足一致条件：包括童工、强制雇用、健康安全、差别待遇、惩罚措施、工作时间等方面。资料来源于 http：//zh. wikipedia. org/wiki/%E4%BC%81%E6%A5%AD%E7%A4%BE%E6%9C%83%E8%B2%AC%E4%BB%BB。

④ 《中共中央关于构建社会主义和谐社会若干重大问题的决定》：（四）广泛开展和谐创建活动，形成人人促进和谐的局面。着眼于增强公民、企业、各种组织的社会责任，把和谐社区、和谐家庭等和谐创建活动同群众性精神文明创建活动结合起来，突出思想教育内涵，广泛吸引群众参与，推动形成我为人人、人人为我的社会氛围。

革委员会、劳动保障部等有关政府和部门也逐步开始从各自相关业务方面提出要求，推进企业承担社会责任工作。另外，我国政府还从节能降耗、劳动执法、污染控制和安全生产等几个方面加大对企业的监察力度，给企业施加责任压力。在地方政府层面，一些受环境、社会压力影响较大的地区政府开始调整发展战略，例如山西率先执行停电治污、停运治污和停贷治污等政策。同时，我国政府还通过倡导、鼓励、奖励等措施来推进企业社会责任的深入开展。例如，2007 年，国务院国资委开展了中央企业社会责任的研究课题，并拟出台推动中央企业履行社会责任的指导意见，将企业社会责任作为企业的重要考核内容。常州市政府还设立企业社会责任奖，鼓励更多的企业开展社会责任活动。① 可见，我国政府在企业承担社会责任的进程中扮演着越来越积极的角色，起着越来越重要的作用。

二　政府促进企业承担社会责任的激励措施

企业承担社会责任必须考虑企业的成本问题，因为企业只有生存下去才有承担社会责任的可能。政府作为市场竞争环境中的监督者与服务机构，应有效运用宏观调控手段，制定相应的规则和制度，以企业的利益为纽带引导企业承担相应的社会责任。推行企业承担社会责任的最好方式是以善意态度来帮助企业提高承担社会责任的能力，在推进企业承担社会责任实践的过程中，政

---

① 参见 http://www.js.xinhuanet.com/xin_wen_zhong_xin/2007 - 01/08/content_8987765.htm。

府应主要做好以下工作：

（一）完善的培训机制

企业是具有生命力和进取心的组织，如果在没有压力的环境下，企业的进取心同样会渐渐被惰性所替代。因此，政府可以帮助企业建立符合自身特色的有效的培训机制。第一，对企业高层的社会责任培训不但要形成体系，还要贯穿企业发展的始终。第二，企业间还可以相互学习，共同提高，并求得创新。第三，要制定中长期企业社会责任教育培训规划，有计划地加强对企业经营者的培训和教育，建立教育培训机制。第四，要建立健全企业社会责任制度，包括推进指导小组社会责任制度和一般企业社会责任制度，按照这一制度进行相关内容的培训，同时加强对培训机制的督察和考核。

（二）科学的考评机制

政府可以建立对企业承担社会责任的考评机制，定期对企业进行检查和监督。对企业的社会责任考评并非只考虑监管者与社会公众的意见，还要充分考虑到企业的自身性质、责任能力及其他相关的多元利益主体的意见。在考评过程中应尽量避免主观臆断、个人恩怨等情况，同时将企业承担社会责任全面纳入考核的范围。科学的考评机制能够充分反映每一个企业的责任表现，以此为基础政府所做的奖励、惩罚等决策也更加透明、公平，更能够激发企业承担社会责任的积极性。

（三）鼓励社会责任投资

随着人们对于企业社会责任关注的高涨，同时出现了对社会负责的投资（Socially Responsible Investment，SRI）这一新的动向。SRI 是指除判断企业的财务状况之外，同时关注企业的社会性而进行投资的活动。[①] 例如，政府可从企业的环境对策、对人权问题的态度，以及面向消费者信息公开程度和与地区或者社区的关系等来判断企业所具有的社会性，进而选择"优良企业"进行投资。社会责任投资已成为某些国家金融市场的主流，而且势头越来越猛。投资者的社会责任取向对于管理层的社会责任表现具有举足轻重的作用，无论是个体投资者还是机构投资者，都将肩负着推动企业社会责任实践，在商业界落实社会正义的重大责任。随着我国的基金管理公司、保险公司、养老基金作为机构投资者的崛起，强调机构投资者的社会责任投资意义重大。基金管理人投资于具有社会责任感的公司，不仅在法律上和伦理上具有正当性与合法性，而且从长远看有利于基金持有人的利益最大化。当前，我国基金管理公司在选择投资对象时，往往偏重于公司的财务表现尤其是近期财务表现，缺乏长期投资、战略投资、社会投资的雄才大略。这种做法看似是对自己的基金持有人的利益负责，但长此以往必将助长投资对象的唯利是图行为，最终导致投资对象、社会形象与盈利水平的集体沦丧。机构投资者应争当社会责任投资者。[②] 在社会责任型投资中，政府的作用也是不容忽视的。

（四）设立企业社会责任奖励基金

为鼓励企业自觉承担社会责任，避免企业推诿或者不愿承担社会责任的现象，政府应推出一系列优惠措施对积极承担社会责

---

① ［日］立石信雄：《企业的礼法》，杉本智生译，欧姆龙株式会社 2007 年版，第 19 页。

② 刘俊海：《强化公司社会责任是构建和谐社会的重要内容》，《中国社会科学院院报》2005 年 9 月 27 日第 3 版。

任的企业提供各种财产利益与非财产利益，鼓励企业自愿、全面践行社会责任。例如，对于社会责任记录良好的企业，政府应当在政府采购活动中对其优先提供政府采购的机会。国家应对那些因积极承担社会责任而给其他企业做出表率或因承担社会责任而对社会良性发展产生重要影响的企业给予物质或现金激励，即给予社会责任奖金。对获得相关奖励或证书的企业给予一定的物质激励，有利于强化企业对承担社会责任的荣誉感和认同感。另外，在公司对公益事业进行捐赠时，政府应当对其提供减免税的待遇。当然，政府的激励措施不局限于物质奖励。精神奖励有时更重于物质奖励，政府应当对于有诚信的公司予以必要的精神奖励。

（五）完善企业社会责任信息披露法律制度

公司法为了追求保护股东与债权人的立法价值，在信息披露制度上只强调财务信息，很少涉及用工、消费、环境保护等方面的社会信息。在这方面，我国应在公司法等法律中导入信息披露法律机制，丰富信息披露的外延与内涵，把股东之外的其他利益关系人与股东、证券投资者和债权人一道纳入信息公开机制的保护伞，并把信息公开披露的内容由传统的财务性公开，扩大到包括财务性公开和社会性公开在内的广泛内容。相关政府机构应当据此完善信息披露方式，使信息披露制度惠及包括广大投资者在内的各类利益相关者。上市公司作为全国性透明度最高的公司，在履行社会责任信息披露方面理应率先垂范。

在我国，构建和谐社会已被中央政府确立为全面建设小康社会、开创中国特色社会主义事业新局面的一项重大任务。作为"社会公民"的企业，在实现和谐共生的目标上承担着构筑和谐社会的相应责任，这也是政府的殷切期望和要求。2006 年 3 月 19 日，国务院总理温家宝充分肯定了国家电网公司的做法，同时作出了重要批示"企业要向社会负责，并自觉接受社会监督"①，这也标志着我国企业社会责任发展的新纪元开始了。我国政府将在未来的企业社会责任发展中发挥更加重要的引导作用，将为企业社会责任的发展创造良好的社会环境和法制环境。我国政府应从维护社会公共利益和保证社会顺利运转的需要出发，以社会公共利益的维护者和公共管理者的双重身份，通过立法和行使公共权力的形式，建立完善、规范的关于企业社会责任的法律法规体系，从而为企业社会责任的实现提供法律化、程序化和制度化的保证。

第三节　企业社会责任与行政法制环境的融合

　　企业承担社会责任对企业和政府而言都是一项长期的系统工程，良好的行政法制环境是实现企业更好地承担社会责任的重要条件。企业不仅要清醒地认识到行政法制环境对其的影响和要求，而且也要对这种影响和要求做出积极的回应，以便更好地在这种行政法制环境下承担起更多的社会责任。

---

　　①　2006 年 3 月 19 日，国务院总理温家宝在国家电网公司报送的《国家电网公司 2005 年社会责任报告》上作出重要批示，称国家电网公司"这件事办得好。企业要向社会负责，并自觉接受社会监督。"宝钢、中远集团、中国铝业等一批中央企业按照全球报告倡议组织制定的标准发布了可持续发展报告，中远集团发布的可持续发展报告被联合国全球契约办公室评为典范报告。截至 2008 年，已有 11 家中央企业发布了社会责任报告或可持续发展报告。

一　行政法制环境

行政法制环境是一个国家、一个地区政治经济文化发展水平、公民法律道德修养和社会文明素质的综合反映，是衡量一个国家、一个地区社会进步和文明程度的重要标志。行政法制环境对企业的利益产生了巨大影响，越来越多的企业认识到积极地参与政府法制进程能够降低行政法制环境的不确定性，从而赢得竞争优势。企业所面临的行政法制环境主要包括政府环境和政治体制环境。无论是政府环境还是政治体制环境，企业都面临着来自政府方面的巨大影响。

（一）企业面临的政府环境

我国企业所面临的政府环境主要表现在两个方面，即政府的立法活动和行政活动。尽管理论上还应该有政府的司法活动，但这一点在我国并不突出。政府的立法活动主要是为市场确立游戏规则，而行政活动主要是为确保企业遵守游戏规则。

1. 政府的立法活动

市场经济从规范的层面上说是法制经济，主要表现为政府为市场的正常运行和企业承担社会责任等方面颁布大量的法律法规和行政规章。从我国的国情分析，地方性的法规和规章在我国的法律法规体系中占有很大的比重。中央一级的法律法规由于要考虑到全国各地的情况，不可能制定得很详细很具体，而只可能是原则性的。地方性的法规和规章是在中央法律法规的原则框架下，根据本地方的客观实际所制定的符合地方需要的法律文本，是对中央法律法规的细化和具体化。在我国，政府颁布的涉及企业经营运作的法律法规是庞大的，这些法律法规对企业经营活动的各个方面产生了巨大影响。

2. 政府的行政活动

政府的行政活动主要表现为政府在监督法律法规和政策规章的执行中和管理社会其他事务中所表现出来的行为。一些政府部门经常性地与企业打交道，而另一些政府部门也偶尔对企业的经营活动施加影响。第一类是企业经常打交道的政府部门，例如工商、税务、公安等。这些政府部门会主动到企业检查工作，企业必须积极配合。第二类是与企业所在行业直接相关的政府管理部门。例如技术监督局、药品检查站、建设局、工业局等。这些部门掌握着行业内的一些重要资源，包括行业内各种资质证书的获得、产品质量检查、行业优惠政策等。企业必须主动与这些部门打交道，否则很难在行业里生存。第三类是企业与之打交道的特殊事务的部门，例如科学技术委员会、经济贸易委员会等。这些部门所开展的工作并不是经常化的，但它们拥有企业所需的特殊资源，例如项目经费、企业科技水平的评价等。另外，企业还可能因为改制、上市等工作与政府部门及政府官员打交道，以寻求支持。政府行政活动对企业的影响因企业所有制形式的不同、企业所在地域的差异而表现出不同的程度。总体而言，政府对企业的影响有好有坏，对企业的干预有规范的，也有不规范的，因地域差异而呈现不同的状况。

（二）企业面临的政治体制环境

在当今世界上，主要存在两种不同的政治体制，即三权分立和议行合一。三权分立的思想最早可以追溯到古希腊的亚里士多德，他在《政治学》一书中指出："一切政体都有三个要素，作为构成的基础"，即"其一是有关城邦一般公务的议事机能部分；

其二为行政机能部分——行政机能有哪些职司，所主管的是哪些事，以及他们怎样选任，这些问题都须一一论及；其三为审判（司法）机能"。① 这一思想后来经过洛克等人的发展，到孟德斯鸠才正式成形。孟德斯鸠在《论法的精神》一书中系统阐明了分权制衡的思想：其一，立法、行政、司法三权分立，议会行使立法权，政府行使行政权，法院行使司法权。其二，三种权力之间不仅要分立，而且要互相制衡。其三，在统治阶级内部，"要防止滥用权力，就必须以权力约束权力"。② 议行合一的体制来源于1871年的巴黎公社。巴黎公社建立时，马克思认为"公社不应当是议会式的，而应当是同时兼管行政和立法的工作机关"。③ 议行合一体制在中国的落实就是，全国人民代表大会既是制定法律的国家立法机关，又是直接组织和监督国家执行机关的最高权力机关。但现代社会，制定一项优化的公共政策，是一项艰巨的利益谈判和政策决策过程，成本并不低。由于行政机关掌握了大量相关信息，加之行政过程的透明度很低，导致了行政机构在制定政策的过程中具有决定性发言权。而企业（特别是民营企业或那些小企业）可能由于缺乏议政能力或缺乏信息只具有很少的发言权。

（三）行政法制环境对企业的影响

行政法制环境对企业的影响是多方面的，有些影响是直接的，还有一些影响是间接的。例如，政府的国防合同对军工企业

---

① ［古希腊］亚里士多德：《政治学》，商务印书馆1997年版，第214—215页。

② ［法］孟德斯鸠：《论法的精神》（上册），张雁深译，商务印书馆1959年版，第184—185页。

③ 《马克思恩格斯选集》第2卷，第375页。

的影响是直接的；美国联邦法院针对微软公司的垄断调查和审判也是直接的；政府对金融业的管制给金融企业带来的影响是直接的，而对其他企业的影响也许是间接的。某些影响对企业而言可能是致命的，而其他一些影响可能只是微乎其微的。例如，政府出台的企业排污标准的政策可能会剥夺一些中小型企业生存的权利或增加其经营成本，而对企业雇用童工的政府禁令也许对绝大多数企业并没有什么影响。[①] 值得注意的是，作用于某一产业的政府政策和规章，并不是将它们的影响平均分配于这一产业内的所有企业，而是将它们的影响主要集中于某一个或某一类企业，而对另外的企业几乎没有什么影响。因此，政府的政策将影响到行业的竞争格局，那些受影响较大的企业可能由此失去某种或某些竞争优势，并最终失去其所拥有的市场地位。正是政府政策的这种非对称性影响或驱使，使得几乎所有行业的企业通过各种各样的途径去影响政府的政策出台和实施。在一些企业领导人的语言和行动中也会反映出行政法制环境对企业策略和责任的影响。在西方，越来越多的企业认识到行政法制环境对企业经营环境的巨大影响，例如一些大型企业纷纷在华盛顿特区和其他国家政府所在地设立办事处，开展游说活动，而且通过向国会和总统竞选候选人提供竞选捐款营造良好的外部环境；一些中小型企业也通过行业协会和各种联盟间接地从事政治活动。西方学者越来越注意到企业对政府进程的参与和对企业践行自身责任的意义。

---

① 中国社科院财经所：《完善市场秩序的政策研究》，《财贸研究》2000 年第 1 期。

（四）企业如何应对行政法制环境的变化

传统的战略管理理论认为企业只能被动地适应外部环境。然而，随着政府对企业干预程度的增加和各种利益团体对政治进程的涉入，越来越多的企业认识到，它们不仅可以主动适应环境，而且应该可以积极地改造环境，为企业的市场和社会竞争赢得有利的地位。越来越多的企业将他们与政府之间的关系作为一种资源来经营，基于这种认识，产生了企业政治策略管理。企业政治策略管理就是企业所采取的主动影响企业所面临的法制环境的策略。企业能够利用它们在公共政策中的影响来达到许多战略目标，例如巩固它们的经济地位、阻碍它们的国内外竞争者的前进和竞争的能力以及在政府事务中行使它们的"发言权"。① 通过政治策略管理，企业能够潜在地提高整体市场规模，赢得与行业竞争相关的比较优势，增强它们与供应商和消费者等讨价还价的能力。我国具有不同的政治经济体制背景，这决定了我国企业具有不同的政治策略与行为。例如，我国企业管理人员可以通过进入人大政协直接参政议政；一些大型国有企业的领导人仍然是政府官员身份；企业通过各种途径与政府及政府官员建立私人关系等。随着我国社会的发展，民主化进程的推进，我国企业特别是民营企业的政治参与意识越来越高，政治利益诉求也越来越多，这是社会走向民主化的必然趋势。顺应社会发展的潮流，我国民营企业的社会地位也越来越高，我国宪法肯定了私营经济的存在，在我国的人大政协系统中，民营企业家的

---

① Keim，G. Zeithaml，C.，"Corporate political strategy and legislative decision - making: A review and contingency approach"，*Academy of Management Review*，1986，11（4），828—843.

比重也越来越大。

今天，企业试图影响政府政策的活动在西方发达国家已经相当普遍①，中国同样存在大量的企业政治策略与行为，但我国的企业多数以一种相对隐蔽的方式在进行。因此，我国的政府和企业都需要正确地看待企业政治策略。从政府的角度看，首先，政府政策应该是广大人民群众参政议政的结果，作为社会经济的细胞——企业自然有权利参政议政。其次，由于信息的非对称性和某一特定知识上的局限，政府出台的有关企业的政策，为了保证其有效性以及公平性，也需要企业的参与。从企业的角度看，由于政府的相关政策牵涉到企业的利益，因而企业也有动力参与政府的进程。总之，政府应该努力营造企业参政议政和表达企业对某一政策问题看法的氛围和途径；企业也应该将其政治策略与行为公开进行，这样既可以减少人们对企业可能涉嫌不当行为的猜测，同时也降低了政府反腐败斗争的成本。在西方国家，影响企业经营运作的公共政策与法律法规的出台一直是社会各种利益团体（特别是企业）权力斗争和利益平衡的结果。我国的政府和企业在企业政治策略中也可以考虑这样的方法。

二　行政法制环境对企业社会责任的影响

行政法制环境对企业的影响越来越大，越来越多的企业认识到积极地参与政府进程能够降低政策的不确定性，从而为企业赢

---

① 例如企业协会、企业游说等。参见［美］理查德·雷恩《政府与企业——比较视角下的美国政治经济体制》，何俊志译，复旦大学出版社 2007 年版，第 7、8、9 章的内容。［美］默里·L. 韦登鲍姆：《全球市场中的企业与政府》，张兆安译，上海人民出版社 2006 年版，第 5 篇。

得竞争优势。特别是在企业承担社会责任这一方面上，企业应积极地迎合外部法制环境的变化，尽可能地、有意识地影响政府制定与企业社会责任相关的法律法规，从而产生对企业永续的经济生存和发展有利的公共政策结果。

（一）政府行为对企业承担社会责任的影响

政府清楚地向企业传达，哪些角色与责任是政府本身的角色与责任，哪些角色与责任是企业的角色与责任。总的来看，政府与企业的任务与角色是不同的，两者互不能取代对方在社会中的角色。政府与企业都需要承担起自身的责任。企业的核心在于管理投资计划以替投资者产生具有竞争力的报酬，自从企业组织创设至今，一般认为除了这个核心功能以外，企业对永续发展亦负有相当的责任。负责任的企业除了实现上述要求的功能及遵守法律法规外，还包括透过法律以外的手段，响应社会的期待和要求。这些都属于企业社会责任承担的范畴。政府的政治角色在于顾及公民的集体利益，与企业、工会及其他公民社会组织一起努力，创造一个有利的法制环境。一项由世界银行资助的研究显示，政府所支持企业社会责任的公共政策可被区分为四个角色：法令授权；提供企业在企业社会责任投资的有利因素；成为企业承担社会责任的一分子、企业责任倡议的召集者或促进者；以及对企业社会责任的特定倡议给予公开的支持和辅助等。虽然工会、非政府组织及其他社会团体在培育及监督负责任企业行为方面亦扮演重要角色，但是政府在其中起着最关键的作用。

政府尽力保护和巩固企业与社会间有效的且双向沟通的诸多架构，向企业传达政府对负责任商业行为的渴望和期待。其一，以立法的方式制定法规，从而创造一个稳定、可预期的吸引投资的环境。这一方式是传达社会期待给企业的最主要途径。其二，社会期待也经常以其他形式传达给企业，这些形式可以是在工作场合的沟通、与当地社区的交流、与工会的接触、与投资者讨论、与公民社会团体对话等，这些双向沟通途径给企业承担社会责任方面提供了有用的社会信息。政府为确保这些双向沟通途径有效运作而提供积极的便利条件的同时，也可以加强与企业等团体或个人之间的有效沟通和对话。其三，鼓励企业揭露财务与非财务信息，并签署相关的法律文书。财务与非财务信息揭露可以让股东、利益相关者及公众清楚了解企业经营情况，政府可以通过制定相关规则与纲领，鼓励企业公开揭露社会责任信息。

政府支持企业遵守相关的法律。企业与其他个人与组织一样，尤其是当它们决定遵循被普遍认同的行为规范时，会考虑法律、道德及社会等因素。政府可以用软措施及硬措施来影响企业的决策。软措施包括赞同及激励的方式，硬措施是指传统的执法行为。在软措施方面，政府可以采用宣传、鼓励企业承担社会责任的方式，以及采用奖金激励的方式支持企业承担社会责任。在硬措施方面，透明及有效的执法是促使企业遵守法律的直接方式，这种方式也是较为有效的方式。这种方式利用企业不承担相关社会责任将使得企业成本增加，从而达到遏制企业拒绝或漠视承担社会责任的效果。

政府降低企业采用负责任行为的成本，扩大利益相关者对企业负责任行为的信息知悉途径，从而为企业承担社会责任提供一个良好的法制环境。最有效的方法是政府加大宣传负责任企业行为的案例，通过这种方法不仅使利益相关者知悉了企业社会责任信息，而且也使企业负责任的行为得到社会的广泛认可和认同。

因此，相对于那些晦涩难懂的社会责任理论，负责任行为的企业案例通常清楚易懂。

政府参与政府间及其他国际团体、机构之间的通力合作和交流，藉以增进有关企业社会责任方面标准和准则的出台和签订。现在，政府与政府间，政府与国际团体、机构间的合作显得越来越重要。它们之间彼此合作和交流，有利于建立起普遍认同的企业社会责任准则和原则，进而强化企业对社会责任的承担。这样做一方面可以防止企业规避企业社会责任，另一方面对企业而言，有了一致的行为规范，也可使企业在稳定、可预期及透明的商业环境和法制环境中永续经营。

（二）公共政策对企业承担社会责任的影响

公共政策就是一个政府选择要做什么或者决定不要做什么。[1] 总的来说，这些公共政策具有一定的稳定性，虽然每个国家的公共政策会各有不同，但其都是国家为了达到一定的目标而设定并要求加以遵守的一系列基本目标、使命计划以及行动方案。一般情况下，如果不能影响一大批公民或者企业，政府是不会选择执行这种公共政策的。公共政策是政府施政的基本构面，因为涵盖面极广，因此企业存在其中绝难不受其影响，在瞬息万变的环境中，制定具有长远眼光与稳定的公共政策是任何一个有为政府责无旁贷的责任，以下略述公共政策水平对企业承担社会责任的影响。第一，具有一定水平的公共政策对企业社会责任可有下列帮助，推动企业的社会责任策略顺利实施；提升企业产品

---

① ［美］詹姆斯·E.波斯特、安妮·T.劳伦斯、詹姆斯·韦伯：《企业与社会：公司战略、公共政策与伦理》，张志强、王春香等译，中国人民大学出版社 2005 年版，第 153 页。

的质量水平，也可提升大众的生活水平；可使企业继续经营，并生存下去；不会使企业纷纷出走，到国外设厂；增加就业机会，使经济复苏，提升投资意愿；可使企业增强社会责任感，进一步满足社会需求；法制环境稳定等。第二，未具一定水平的公共政策对企业社会责任可能影响如下，企业社会责任策略得不到顺利实施；无法提升人民的生活水平，无法满足人民的期望；企业不能继续生存，无法善尽企业社会责任；企业纷纷出走，到国外设厂；失业率增加，经济下滑；企业不尽社会责任，社会需求得不到很好地满足；行政法制环境不稳定；民心"丧失殆尽"。据此，我们可以看出公共政策质量的优劣直接影响到企业承担社会责任的社会效果。

以往企业家并未意识到政治和企业之间的关联，他们总以为只需努力便能赚大钱。但后来他们发现政治与企业实际上是息息相关的，任何一个立法都有可能对企业产生深远的影响。过去我国处于计划经济时代，企业与政治之间密切相关；现在实行市场经济，企业与政治之间依然相互关联。政府制定的各种法律法规以及公共政策都将对企业社会责任产生影响。

三　企业社会责任对行政法制环境的调适

企业为了更好地承担起行政法制环境下的社会责任，需要对其所处的行政法制环境进行正确的认识并采取相应的调适举措。

（一）企业对行政法制环境的评估

企业社会责任战略是在特定的行政法制环境下制定和实施的，因此，有效地评估企业所面临的行政法制环境是取得成功的基础。在行政法制环境中，影响企业承担社会责任的主要因素包括制度环境、政治事项和公共政策。

1. 制度环境

这里所说的制度是指政治制度。一个国家的制度环境对一个企业政治目标的实现和政治战略的制定有着非常重要的影响。在制度环境的评估中，企业需要认真考虑不同国家之间制度上的差异。例如，在中国与美国之间，企业可以采取的政治战略是不同的。在美国，企业可以为总统或国会议员候选人捐款，可以动员雇员以选区选民的身份对议员施加压力，甚至可以动用联邦法院的力量；而在中国，这些政治行为是无法实现的。当然，中国的企业可以采用直接参与人大选举，实施政府认可的行为等独特方式影响政府行为。因此，企业需要认真了解和分析一个国家的制度对企业政治战略所产生的影响和限制。同时，企业同样必须认真关注制度领域的改革。制度领域的改革既可能为企业带来政治机会，也可能给企业带来威胁。例如，中国从计划经济向市场经济的转型导致许多行业管制程度的不断降低，这给企业带来了大量的市场机会。人大系统改革过程中政府官员代表的淡出将对企业寻找政治代言人产生影响。因此，企业必须认真分析制度领域的改革或动向给企业带来的影响，哪些动向给企业带来了机会，哪些将给企业现有政治目标的实现带来威胁，而哪些又和企业社会责任有关。

2. 政治事项

一个国家的政治事项是多种多样的，对一个企业而言，它不可能也没必要对每个政治事项给予关注。企业需要关注的是那些对企业生产经营活动、对企业市场竞争有影响甚至是有重要影响的，而企业又能够施加影响的政治事项。除此之外，企业还有必要了解影响政治事项的其他因素。例如，在政治程序各阶段谁是主要的决策者和影响者，而谁又是这些决策者和影响者的影响者等。

3. 公共政策

任何一个政府的行为都会反映在这个国家公共政策的基本组成部分中。现实中也有许多因素制约着一个国家用以解决社会问题的公共决议和战略决策。公共政策要达到的目标可以很大（例如实现充分就业，保障所有劳动者的合法权益），也可以很小，可以是宏观层次的（例如，给所有人提供平等的就业机会，享受平等的工资待遇），也可以是微观层次的。从大的层面上分析，一个国家所推崇的信念（例如平等、自由、民主、公平与正义、所有企业在经济生活中享有平等的权利等）会促使那些给贫穷无助的人提供经济援助的法案以及赋予他们法定权利的法案的产生并被执行；从小的层面上分析，国家通过税收立法，合理地在广大利益相关者和利益群体之间分配纳税的负担，同时国家也可以将公共资源（例如石油开采权、树木砍伐权）授给某一利益群体。但是无论目标是大是小，是宏观还是微观，为了大多数人或者说是为了全体人类的利益，许多政府都必须拥有一个最基础的保障来保护企业的所作所为。政府会运用不同的手段来实现公共政策的目标。公共政策手段包括所有的用来激励和惩罚企业，按照能够实现公共政策目标的标准来规范自身行为的措施。例如，提高个人和企业所交税款的税率，减少各种豁免额，有选择地对一些产品（例如属于奢侈的机动车、汽油、香烟、首饰、酒精饮料等）实行新的销售税征收办法，以及鼓励、规范捐赠行为的政策等。

公共政策通常都要达到一定的效果。这些效果中，有些在预料之中，有些也出乎意料。由于实行公共政策会影响到许多个人、机构以及其他利益群体，它们必然会取悦一部分人而使另外一部分人感到不快。例如，政策的制定可以使企业在工作场所里改进那些能够造成伤害或者是致死致残的设备的使用方法，进而降低员工们的健康受危害的可能性，但是同时也有可能使充分利用企业设备目标无法实现。再如，在工作场所中，怀孕妇女长期暴露在辐射下可能会使健康受到威胁，因此她们希望可以从这些岗位上撤换下来而从事其他工作，却往往被企业所拒绝。企业虽然为了实现充分就业的目标，但却践踏和歧视了妇女的合法权益。由一种公共政策规范而引起的这个意料之外的效果，与公共政策目标形成了公开的对抗。因此，公共政策的制定与企业社会责任的承担之间有着千丝万缕的关联。

（二）企业对行政法制环境的反应方式

行政法制环境的变化对企业有着重要的影响，针对这种变化企业需要及时采取相应的反应方式，从而减少法制环境对其产生的不利和消极影响。以企业在政府公共政策的制定过程中的反应方式为例，韦登鲍姆认为企业应对公共政策变化有三种基本反应模式：消极的、积极的和参与影响的。[①] 通常，一个企业会混合使用这三种方式来应对行政法制环境的变化。

1. 消极的反应方式

消极的反应方式是指企业只在公共政策出台以后采取相应的措施。通常，企业会对政府政策模式的变化采取一种消极的态

---

① Weidendaum，M，"Public Policy: No Longer a Spectator Sport for Business"，*Journal of Business Strategy*，1980，3（4），46—53.

度，即它们只是在新的或扩张的公共政策出台以后作出相应的反应。例如，在美国《净化空气法案》出台以前，许多美国企业对社会公众批评它们造成大量的空气污染时，试图通过法律或行政手段来延缓公众舆论的影响，但是随着社会的发展，这些企业最后还是被迫改变行事方式（提高排污标准）以满足新的法案要求。因此，采取消极态度的企业对新的政府法规的反应是试图避免政府控制它们的经营活动，或者以最小的成本来接受和适应这些法规，而事实证明这种方式是不可取的。

2. 积极的反应方式

积极的反应方式是指企业主动应对公共政策的出台。在企业战略决策过程中，政府政策是一种重要的影响因素，这就要求企业采取积极的态度去计划和预测政府政策的变化，而这些变化将影响企业经营。这种积极的反应方式使得企业能够及时调整自己的行动，以减少或消除外部行政法制环境变化对其产生的不利影响。例如，在政府提出加强空气和污水控制之前，一些企业已经预见到这种政府行动的趋势，私下里它们已经采取更为严格的排污标准，这样就可以减少违反新的政策法规的可能性。作为有社会责任感的个体，企业应为其对人类及社区和环境造成影响的任何行为负有责任，所以它们应自愿采取社会责任行动，努力减少被政府更加严格管制的可能性。例如，在政府通过法规要求工厂关闭时必须预先通告，一些企业和行业协会已经采取了工厂关闭预先通告的制度，减少对员工和周围社区环境的负面影响，从而使其在资本能够带来积极的社会效应的情况下放弃一部分利润。

3. 参与影响的方式

无论是消极的反应方式还是积极的反应方式，都不直接参与公共政策的制定，它们类似于一种"无交易"的政治行为。当前，许多企业仍试图采取积极参与公共政策制定的方式来影响政府对自身的干预措施。例如，企业加入并支持对政府部门有影响力的行业协会并试图影响政府的决策行为和公共政策的制定。又如，一些企业充分利用企业内部刊物向股东或员工传递与企业社会责任相关的政治信息，或者利用其他媒体引起社会公众关注与它们有关的政治事务，积极参与政府举办的公众听证会等。因此，采取参与影响方式的企业，通过这种前摄性的活动有利于保证它们政治目标的实现。

第四章　经济法制视角与企业社会责任

良好的经济法制环境是加快企业发展的重要条件和决定因素。企业面临的国内经济环境对企业的发展有着至关重要的作用，但在经济全球化的背景下，企业面临的国际经济环境对企业所起的作用不容忽视。

第一节　企业的国内经济环境

新中国成立后，通过对民族资本主义的改造，我国逐步建立起了高度集权的计划经济体制。在传统的计划经济体制下，整个社会生产是由中央政府集中统一计划，并以指令性指标形式下达给各级政府及其相关部门，层层贯彻，直到所属的国有企业。计划经济的最大特点是企业只是政府附属的一个"车间"，企业的"人、财、物、产、供、销"都由政府统一决定，企业根本没有自主权可言。在传统的计划经济体制下，政府与企业的职能和行为出现同化，政府不仅在宏观上而且在微观上全面控制企业的生产经营活动，而企业在职能上承担起了本应由政府承担的社会职能，在行为上更像政府的一个执行机构。事实上，国有企业的领导人就是政府官员，享受一定的行政级别和相应的工资待遇，而企业职工和政府行政人员一样，由国家财政统一拨付工资。随着中国改革开放政策的实施和经济的飞速发展，传统计划经济体制的弊端日益暴露。计划经济体制下企业经营自主权的缺失成了企业改善其经济绩效的严重障碍。1978 年底，中国共产党第十一届三中全会提出了对经济管理体制进行改革的方针和任务。自此，中国的国有企业被推入一系列的改革运动中。我国国有企业的改革从四川省国有企业进行扩大企业自主权的试点开始，逐步推广到全国各省、自治区、直辖市。1981 年开始，国有企业的改革在借鉴农村承包责任制经验的基础上，试行部分企业的利润包干责任制。对赢利企业规定上缴利润额，超额完成的利润全部按比例留成给企业；完不成任务，要以自有资金补足。对亏损企业规定亏损基数，超亏不补，减亏留用。1983 年，国有企业开始全面推行"改税"制度，为大中型企业规定统一的所得税率。1985 年，企业基本建设投资由国家财政拨款改为银行贷款制，这就是所谓的"拨改贷"。[①] 1993 年中共十四届三中全会作出了《中共中央关于建立社会主义市场经济体制若干问题的决定》，明确指出要建立社会主义市场经济体制。在这一政策背景下，中国政府对国有企业进行了大规模的改制改造。对国有大中型企业转换经营机制，实行股份制和国有民营，对经营不善的中小国有企业进行破产拍卖。

---

① 卫武：《企业政治策略与企业政治绩效的关联性研究》，浙江大学出版社 2008 年版，第 49 页。

在这一体制转轨过程中，中国逐步进入市场经济的发展轨道。市场经济的发展，必然在经济上打破一切地区和国家的界限，使局部的、单项的商品生产与交换，发展成为跨国、跨地域、多门类的世界经济体系的一部分，形成世界市场和多种形式的国际经济联系。而市场经济的每一次扩张都受到新的法律体系的制约，在这种形势下，必须实现本国市场经济的法制化，并使之同世界经济运行的一般规则对接。这既是市场经济建立、发展和扩张的必然要求，又是提高对外开放的重要条件。[①] 良好的经济法制可以维护和激励企业的经济活力。经济法制对于社会主义市场经济活力具有平衡协调和规制的功能。[②] 经济法制维护正常的竞争关系，保护合法的竞争机制，目的是促进和激励横向经济活力，抑制扰乱横向经济关系的不正当竞争行为和垄断行为。经济法制一般不直接调整单纯的横向经济关系，但当这种经济关系的发展足以负面影响整体社会经济进程时，符合经济法制调整的规则要件则也应依法进行干预，从而起到维护经济活力而不是支配经济活力的作用。我国必须加强经济法制中的反垄断、反不正当竞争方面的立法，依法加强对市场竞争活动的管理，规范市场竞争主体的市场竞争行为，查处限制竞争行为和不正当竞争行为。[③]

如今，我国已加入世界贸易组织（World Trocle Organization，WTO），将更加积极地参与经济全球化的进程。这同时也

① 王明峰：《论社会主义市场经济的法制地位及其意义》，《理论导刊》1993 年第 11 期。

② 徐孟洲：《论中国经济法制与和谐社会之构建》，《法学杂志》2005 年第 6 期。

③ 黄仁宇：《资本主义与二十一世纪》，生活·读书·新知三联书店 1997 年版，第 492 页。

意味着我国企业已经完全置身于同世界各国的企业按照同一规则进行平等竞争的空间。企业在逐步失去各种形式的政府保护之后，要在更大范围内、更深程度上参与国际市场竞争与合作，因此企业必须依法规范经营管理行为，提高经济法制环境下进行经营管理的能力，增强依法参与国际合作与竞争的水平。否则，很多企业就会在 WTO 时代的竞争格局中陷入被动境地。从目前的情况看，企业不仅要关注国内经济环境的发展和变化，而且更应该关注国际经济环境的发展和变化。

第二节　企业的新新世界：经济全球化

"近年来，'地球村'、'全球市场'、'全球工厂'或者'全球公司'之类的名词犹如潮涌，这些现象说明世界正在朝着单一而一致的方向变化，人们将其统统归结为全球化的趋势。不仅如此，'全球化'还被用来描述当代推动国家、区域和地区性变革的一系列强劲的风潮。"[①] 经济全球化的不断发展，改变了过去的国际贸易格局和规则，也改变了世界各国的经济、政治、文化和社会生活方式。在经济全球化的影响下，企业承担社会责任的重要性越加突出。国际社会强烈要求企业在世界范围内考虑其行为的影响，并承担相应的社会责任。

一　经济全球化：一个不可阻挡的趋势

在过去的半个世纪中，世界经济最重要的变化是国际贸易的

---

① Dicken, P., "Global Shift: The Internation of Economis Activity", York/London: *Guilford Press*, 1992, 1.

增长。这个时期的特征是：企业在外国土地上的投资呈现快速的增长。这些进行投资的国家包括美国、西欧国家、日本和其他工业化国家。学者彼得·德鲁克把这种市场扩张定义为跨国经济（Transnational Economy）。他认为如果企业希望在一个国家建立和保持领导地位，企业必须努力在世界所有发达市场当中保持领导地位。这个观点显然有助于解释在全球范围内跨国投资的热潮。对跨国经济或全球经济，一个较早的定义是，商品及服务的贸易、劳动力、资本和信息的全球流动。[①] 人们普遍认为，跨国经济和国际贸易所带来的错综复杂的社会状态会导致更多与企业有关的社会问题的出现，例如企业承担社会责任问题。许多学者认为大型企业尤其是那些跨国企业应成为在全球推行企业社会责任的急先锋。[②] 随着人们价值观念、消费观念、投资观念和社会发展观念的转变，以及社会力量的不断壮大，特别是信息技术的发展使社会对企业的监督变得更为容易，这些因素都对企业的短期利益和长期利益产生了重要的影响。从微观上分析，企业的利益实现机制止在发生改变。企业利益的实现已从原来的单纯考虑市场竞争改变为要同时考虑社会利益。企业利益的实现要以社会利益的实现为前提，企业如果不顾社会利益，就会在市场竞争中处于劣势，甚至失去参与竞争的资格。从宏观上分析，经济全球化的主要受益者如跨国企业在促进世界的经济、社会和环境全面协调发展方面应承担更多的社会责任。基于这种微观和宏观的分

---

① ［美］阿奇 B. 卡罗尔、安 K. 巴克霍尔茨：《企业与社会伦理与利益相关者管理》，黄煜平、朱中彬等译，机械工业出版社 2004 年版，第 175 页。

② 殷格非、于志宏、崔生祥：《企业社会责任行动指南》，企业管理出版社 2006 年版，第 33 页。

析，在经济全球化的背景下，企业应该充分认识到企业利益与社会利益的一致性，认识到企业的可持续发展能力与其所处的经济环境的不可分性。它们之间不再是分离的、对立的关系，而是相互促进、相互协调的关系。企业承担社会责任不仅可以实现企业利益，而且也可以实现社会利益，反之不承担社会责任的企业有可能会因此而付出惨重的代价。可见，企业在这样一种向国际化或全球化进军的趋势下需要承担起更多的社会责任。

二 经济全球化与企业社会责任

经济全球化是"为了达到经济目的，对国界的一种有效跨越"。① 它对传统的企业管理模式和经营方式产生了巨大的影响。在经济全球化过程中，经济增长、产业升级、文化融合等使得企业传统价值观和责任理念发生了深刻的变化。同时，随着企业竞争环境和竞争规则的改变，越来越多的企业对社会责任的承担给予了更多的关注。

（一）经济全球化背景下企业重视社会责任的原因

经济全球化背景下企业更加重视其应当承担的社会责任，主要原因为以下几个方面。首先，垄断的加剧促使企业重视社会责任。19世纪七八十年代，以美国为代表的资本主义发达国家跨国企业的兴起，导致垄断日益加剧，给资本主义世界的经济结构、社会结构带来了深刻的影响。垄断的危害性、企业活动的外部性所产生的社会问题不断暴露，引起了社会各界的不满和忧

① Daly，Herman E.，"Globalization and Its Discontents"，*Philosophy & Pubic Policy Quarterly*，Vol. 21，No. 2/3，Spring/Summer 2001，17.

虑。企业垄断不断加剧的趋势促使了反托拉斯法律体系的建立和政府加强对竞争秩序的规范，社会各界也对经济和社会发展方式予以了反思。在法律的、行政的、经济的以及社会的多种力量的共同约束和影响下，企业承担社会责任越来越得到各方的青睐和推广，其具体内容也不断得到扩展。其次，各种企业经营规则的趋同化促使企业伦理道德的约束功能加强。经济全球化的不断加深导致了社会发展的各种资源和信息在全球范围内更快的流动，各地区的经济发展方式、法规、约束规则、伦理道德、社会文化等方面在碰撞和摩擦中逐步走向趋同化，法规等经济发展硬约束手段的功能逐步退化，伦理道德等经济发展的软约束手段功能得到不断的加强，使得企业承担社会责任显得越来越重要。世界作为人类共同生存的空间正在迅速地压缩，人类的世界意识也在经历着高度的强化而进一步趋同。"澳大利亚普林斯顿大学的辛格教授在第三届'国际企业、经济学和伦理学学会'世界大会上发表了题为'一个世界'的开题演讲。他指出，随着世界变得愈益密切，伦理就愈亦需要超越国界。伦理学并不要求我们服从绝对规则，而是要求我们考虑所有那些受到我们行为影响的人的利益。这里涉及许多与全球化有关的伦理问题，例如环境问题、WTO问题、富国对消除全球贫困义务问题等。他的基本观点是，我们能否顺利地通过全球化时代，取决于我们如何伦理地考虑我们生活在'一个世界'这一观点。"① 在"一个世界"的观点中，企业不仅需要对国内的消费者负责，也要对国外的消费者

① 陆晓禾：《承认自由空间，承担道德责任——第三届"国际企业、经济学和伦理学学会"世界大会述评》，《毛泽东邓小平理论研究》2004年第10期。

负责，这就需要企业承担起更多的社会责任。最后，企业竞争优势的资源发生了新的变化。在经济全球化的背景下，企业竞争优势的资源也不断地发生着变化，企业生产经营中的成本、质量、供货期等要求已经成为企业生产经营中最基本的要求；而企业要在竞争中获得优势，就必须在诸如速度、一致性、可靠性、敏捷性、创造性、多样性、安全性、商业道德和社会责任等方面创新优势，企业在这些方面越具有优势就越具有竞争力。

（二）经济全球化背景下企业承担社会责任的必要性

经济全球化背景下企业承担社会责任显得尤为必要。首先，经济全球化导致了环境保护任务更为艰巨。随着全球化的深入和各国经济的发展，日益扩大的非持续性的生产和消费活动逐渐超出了自然环境的承受能力，造成了自然环境的退化，甚至威胁到了人类的生存和发展。其中一些比较严重的问题包括自然资源的枯竭、全球变暖、污染（空气、水和土地）、工业事故以及有毒废弃物的随意排放。产生这些问题的主要原因在于，经济全球化引致的经济增长使经济活动增加，这种增加是以经济系统消耗更多的原料和能源来实现投入与产出的平衡。这将导致资源的枯竭和环境的恶化。发达国家在经济大幅增长的同时，不仅不注意从根本上解决这一问题，反而还将经济增长的代价转嫁给发展中国家。① 其次，经济全球化导致了劳资冲突的激烈和劳工地位的下降，使得劳工权益保障日益成为一个世界性的社会问题。经济全球化使市场经济这个以资本为核心和灵魂的市场运作机制成为全

---

① 赵景峰：《经济全球化的马克思主义经济学分析》，人民出版社 2006 年版，第 229—230 页。

球性的选择。但这种资本在向全球扩张的同时也在全球范围内形成了对劳动者的压制和剥夺，因此在经济全球化的同时又伴随着贫困全球化、劳工权益保护全球化。产生这种现象的原因在于，经济全球化加速了商品和资本的流动，与此形成明显对比的却是劳动力的自由流动受到移民政策等的种种阻碍；企业在全球追求利润最大化的过程中造成劳工利益和工作条件的不断恶化，拖欠工资、低工资的现象就充分反映了这一趋势；在经济全球化的发展过程中，企业的生产链也逐步全球化，这种新的生产格局使得企业能够规避国际劳工法规和东道国法规。最后，经济全球化导致了市场的无国界化，使得消费者保护运动加剧。消费者运动是一场消费者利益保护运动，目的在于改善消费者的权益。运动的发起者和消费者认为，销售企业或服务企业存在不公平和危害消费者权益的情况。随着经济全球化的发展，市场超越了国界，消费者强烈要求产品供应链上的每个参与生产的企业都必须保证消费者的权益，并对不符合要求的产品和权益发起一系列的谴责运动。

（三）经济全球化对企业承担社会责任的积极影响

经济全球化对企业社会责任的积极影响主要体现在以下两个方面。一方面在理论界，经济全球化有助于与企业社会责任相关的理论在全球范围内的传播和发展；在企业界，经济全球化有助于增强企业承担社会责任的责任意识。几乎所有的企业都宣称自己愿意承担或强化企业社会责任，尽管有些企业这样做的动机主要是为了提高自己的声誉，树立良好的社会形象甚至是在"作秀"，但不能否认企业承担社会责任至少已经成为提升企业形象，建立良好社会关系的新"方法"。另一方面企业是否承担社会责任，尤其是否承担起对劳动者等利益相关者权益的保障则成为获得外国企业订单的重要标准，在这些国际标准的影响下企业更加重视社会责任的承担。

经济全球化给企业提供了更多发展机会的同时，也无限地放大了企业发展中的某些不确定性因素。对于这些因素我们既无法立刻拒绝也无法即刻否定，但企业必须学会面对，学会适应，学会运用新的规则，主动参与社会责任的承担。针对目前企业社会责任运动过分强调发达国家利益相关者的利益，而忽视发展中国家利益相关者的利益的现状，企业在这方面应该有所作为，将关注的目光更多地投向发展中国家，在发展中国家也积极地承担起应尽的社会责任。对此有学者提出了自己的疑虑，也许唯一需要担心的就是作为发展中国家，会努力促进国内法则进一步适应大公司的要求或通过制定更有利于大公司的立法将这些企业吸引到本国来，这样做，就有可能使企业社会责任变成有些国家干预别的国家的工具。[①] 总之，企业承担起更多的社会责任，无论是对发达国家的利益相关者还是对发展中国家的利益相关者而言，都是对其权益进行更多的保护；企业承担起更多的社会责任，不仅可以促进发达国家的经济发展和社会稳定，而且也可以促进发展中国家的经济发展和社会稳定。

三　经济全球化背景下企业社会责任面临的挑战

20 世纪中后期，特别是 90 年代以来，跨国企业社会责任问

---

① ［法］米海依尔·戴尔玛斯·马蒂：《世界法的三个挑战》，罗结珍等译，法律出版社 2001 年版，第 15 页。

题成为人们日益关注的焦点。跨国公司以其强大的资本、遍及全世界的网络和严密的组织体系，利用所在国的资源、人工成本、政策等优势，在世界范围内进行加工、生产和销售，不仅对当地工人、社区和经济发展带来直接影响，甚至会间接影响到当地的文化、社会构成、经济体制、立法实践乃至政治制度。跨国公司的业务对当地社区所造成的各种影响成为社会各界所关注的重点问题，他们都从各自不同的角度对跨国企业社会责任问题进行了理解和阐释，提出了不同主张和要求。正是在这一背景下，企业社会责任重新在各国被提起并逐步形成了"企业的社会责任运动"。按照发起企业社会责任运动主体的不同，企业社会责任在全球经济环境下所面临的挑战可分为如下五个方面。

（一）民间团体的企业社会责任运动

从民间团体活动的情况看，一些利益相关者组织，例如消费者组织、劳工组织、宗教团体、大学生团体和环保组织等，从劳工权益、工作条件、环境和人权等不同方面提出了对企业社会责任问题的看法，并采取了相应的行动。1997年，基地设在伦敦和纽约的英美非政府组织—经济优先领域理事会建立了一个特许机构美国经济优先认可委员会（Council on Economic Priorities Accreditation Agency，CEPAA），旨在直接监督跨国公司在社会责任问题方面的表现。由来自工会、大学、人权团体、公司和会计事务所的参与者组成的顾问委员会，帮助起草了一项社会责任标准 SA8000，该标准借鉴了国际劳工组织公约和人权原则的一些条款，建立了一套涉及劳工和工作条件等问题的具体标准，这些标准涵盖了童工、健康和安全、结社自由、集体谈判、歧视、工作时间、工资等方面。

（二）劳工界的企业社会责任运动

"20 世纪 70 年代以来的经济全球化对劳动过程、劳动体制、劳工权益以及劳工运动都产生了巨大的冲击。"① 首先，经济全球化加速了商品和资本的流动，但劳动力的自由流动却受到国家移民政策以及政府对国内劳动力市场的规范性政策的种种阻隔。同时，劳资双方在自由流动上的不对等性也加剧了劳动力对于资本的依赖以及资本对劳工的控制的趋势。其次，资本在全球追求利润最大化的活动造成了工作条件和劳工利益的不断恶化。"血汗工厂"在欧美发达国家大量雇用低工资移民工的现象以及在发展中国家的出口加工区也频频出现大量雇用低工资移民工的现象，就充分反映了这一趋势。再次，跨国公司面对全球化的激烈竞争，为了在全球范围内追求利润的最大化，根据不同地区的生产成本的差异化特征重新安排生产环节，把过去在本国的生产线变成全球化的生产链，这种新的全球化生产格局使跨国公司能够规避国际劳工法规和东道国劳工法规的制约。在这种趋势下，全球劳工保护运动如火如荼，迅猛发展，将跨国企业社会责任标准引入劳资谈判。例如，1997 年国际自由工会联合会（International Confederation of Free Trade Unions，ICFTU）通过了一系列最低劳工标准，要求将这些标准引入跨国公司的行为准则并将其作为与跨国公司达成协议的前提条件。同年，20 多个代表欧洲服装纺织产业的工会和商界达成欧洲纺织协议，呼吁公司遵守国际劳工组织公约中所包括的核心劳工问题并建立监督和审议

---

① 余晓敏：《经济全球化背景下的劳工运动：现象、问题与伦理》，《社会学研究》2006 年第 3 期。

机制。

（三）商业团体的企业社会责任运动

商业团体对企业社会责任仍保持相当的谨慎的态度。但是一些大型的商业组织，例如国际商会（The International Chamber of Commerce，ICC）、国际雇主组织（International Organization of Employers，IOE），却已在其成员中就社会责任问题取得一致立场，并为其成员制定一些行为准则和标准。具体而言，国际商会在过去的半个世纪里，已针对诸如广告、营销和销售等方面的国际商业活动制定了准则并不断地进行完善和修订。它们还就商业交易中的敲诈勒索和受贿问题发表了声明，并推出了评判标准和简略的投诉程序，以打击这些行为。国际商会的另一个相关活动是在 1990 年为迎接 1992 年的里约大会而制定的可持续发展商业宪章，这部宪章提出了环境管理方面的十六条原则。国际雇主组织积极参与了"全球契约"计划启动活动，编辑出版了实施该计划的指导手册，帮助各国雇主和组织更好理解"全球契约"的精神，号召各国雇主和组织积极参与并推动其成员实施相关的活动。

（四）全国性协会的企业社会责任运动

经济全球化导致非政府组织的影响力越来越强。它们可以广泛地发动媒体、消费者以及其他组织，针对公司侵害行为的运动，使那些受谴责的公司声誉扫地，利润也随之消失。在许多国家，全国性的协会大多致力于对国际商会的活动施加影响。例如，日本的经济团体联合会（Japan Federation of Economic Organizations）早在 1991 年就制定了一套"经团联企业行动宪章"，后经多次修订，终于在 2004 年以"企业行动宪章"为名颁布于世。这个宪章经常被日本公司引用，作为它们在国际经营中的行为标准。还有些商业团体是根据相关问题组织起来的，尤其是环境问题。随着全球化的深入和各国经济的发展，日益扩大的非持续性的生产和消费活动逐渐超出了自然环境的承受力，造成了自然环境的退化，甚至威胁到了人类的生存和发展。一个同样令人担忧的情况是，随着全球人口不断增长以及新兴国家更多地采用市场导向并富裕起来，全球环境问题可能会更加恶化。各种报告表明，富裕国家在全球能源和资源消耗比例超过了75%，并制造了大多数的工业废弃物、有毒废弃物和生活废弃物。① 针对以上这些情况，全球化环境保护方面的社会责任运动也愈演愈烈。例如，在 1992 年联合国环境和发展大会的准备阶段成立了由来自不同行业的商业领袖组建的世界可持续发展工商理事会（World Business Council for Sustainable Development，WBCSD）。

（五）官方组织的企业社会责任运动

1999 年 1 月，在瑞士达沃斯世界经济论坛上，联合国秘书长安南提出了"全球契约"计划，号召企业在各自的影响范围内遵守、支持以及实施一套在人权、劳工标准及环境方面的基本原则，通过建立对社会负责的和富有创造性的企业表率，建立一个推动可持续增长和社会效益共同提高的全球框架。联合国大会在 2001 年专门就"全球契约"计划问题通过了 GA/55215 号决议，授权联合国开展此类活动。许多成员国也表示

---

① ［美］斯蒂芬·P. 罗宾斯、玛丽·库尔特：《管理学》，孙健敏等译，中国人民大学出版社 2004 年版，第 122 页。

支持联合国建立各种实施机制、提供相应资金支持并在国内开展促进活动。

各国政府同样对社会责任问题表示特别的关注。美国政府通过与商界、劳工和其他非政府组织协商,在 1995 年推出了五个简短的"模范商业原则",并鼓励美国公司制定社会责任守则,同供应商、合约工厂等商业伙伴一起改善劳工状况。此外,美国政府还鼓励制定行业准则,以解决特定领域的未解决的问题。例如,针对那些由零售商在美国市场销售服装的外国工厂,美国政府支持成立了公平劳工协会(The Fair Labor Association ,FLA),以建立一个解决"血汗工厂"之类的劳动条件问题的行为准则和监控系统。2003 年 6 月,在法国埃维昂召开的八国集团首脑会议上强调了企业社会责任的重要性。英国政府在 1998 年支持制定了"道德贸易联盟基本守则 ETI",将商界、劳工和非政府组织集合到一起,共同讨论公司供应链中工作条件问题的标准和监控方法。与此同时,欧盟也开始对某些违反劳工标准的国家实施贸易制裁,加拿大政府也制定了本国公司开展全球业务的守则。美国与加拿大、墨西哥之间签订的《北美自由贸易协定》也涉及劳工问题。

从最初的企业自体思想发展到相关公司法的修订,从民间社会的活动到劳动运动采取的举措,从商业团体推出各自有关的标准到跨国公司行为守则的流行,从政府的关注到联合国"全球契约"计划的实施,企业社会责任已经成为经济全球化条件下国际商业和经济生活的重要旋律。但是,在目前经济全球化的背景下,企业仍旧面临着来自社会各界的压力和挑战,为应对这种压力和挑战企业应该有所准备。

第三节 全球企业公民:经济法制环境下企业理念上的应对

21世纪世界经济的显著特征之一就是全球化。全球化一方面使得跨国公司在社会与经济中的影响力迅速增强,另一方面又导致了许多一国政府无法解决的问题,从而让人们开始重新思考对公司的要求。企业公民将公民的概念从个人延伸到了企业,全球化又将企业公民扩展为全球企业公民,或者又称为"全球公司公民"。

一 全球企业公民概念的提出

1989年后盛行的自由经济理念使得跨国企业的地位更加合法化和自由化,全球网络技术的发展进一步推动了跨国企业的扩展,跨国企业的权力得到了极大的提高,与此同时,国家的权力却相对受到削弱。即使是最富裕和最发达的国家,其处理国际事务的能力在一定程度上甚至还比不上跨国企业。在国家与跨国企业的权力此消彼长的同时,全球化时代又出现了很多跨越国界的问题。全球化的核心就是逐步消除社会、政治和经济交往中的领土界线,从而造成越来越多的社会活动超出了国家的权力和影响范围。全球化时代的跨国企业不仅仅受到单个国家的约束,还要面对不同国家的社会规范、规则和期望。因此,需要用跨国企业可以理解的"语言"来建立一种社会控制机制,以便约束跨国企业,使得跨国企业可以在其全球性的经营活动中采用一套统一政策。全球化同样引发了企业界对全球企业公民的重视。2002年世界经济论坛的一个议题就是"全球企业公民：对 CEO 和董事会领导能力的挑战"。同年，联合国"全球契约"在前言中写道："在对全球化的影响日益关注的背景之下，联合国秘书长呼吁商界领袖们加入国际组织——全球盟约——通过企业与联合国机构、劳工、非政府组织以及其他民间社会共同行动，联合起来支持好的企业公民行为。"在这样的背景下，全球企业公民的概念应运而生。

二　全球企业公民的合理性和可行性

有学者指出如果可以接受将公民的概念从个人扩展到企业，而个人也可以像成为特定政体的公民那样成为全球公民，那么只要考察企业公民的性质突破国家的界限即可。由于公民权的社会观认为商业组织的身份是与特定的社会与文化相连的，所以必须借助"一般道德原则的观点"而在一个更大的范围中确定企业的公民身份。按照一般道德原则的观点，无论来自哪个国家或者文化背景的员工、消费者以及其他利益相关者，由于共同的人道精神以及人类共同的道义，他们都有权利获得同样的保护。通过非政府的强制工具，可以跨越国界保护人权。在全球范围内开展经营活动的企业尤其应该考虑这些因素的影响，因此，为了企业自身的利益更应该支持对个人和团体的道德行为。[①]《世界人权宣言》第 28、29 和 30 款要求企业与国家、其他机构和个人一样，有义务保障人权的实现。按照人权宣言的精神，企业有责任促进社会福利、保障人权并防止

---

① 引自沈洪涛、沈艺峰《公司社会责任思想起源与演变》，上海人民出版社 2007 年版，第 226 页。

任何破坏人权的企图。① 因此，全球企业公民的概念具有合理性。

关于全球企业公民的可行性，有学者提出了企业公民混合经营模式。② 这个模式分为四个步骤：第一步基于超规则建立一套行为准则，即企业在全球业务中奉行一个全球"信条"或者称为是"超规则"的道德规范。第二步在当地执行该准则，但也可以根据不同的情况进行合理的变通，即在每个东道主国家的经营活动中执行这套"信条"，同时在不违反基本规则的情况下尽可能地尊重当地的习俗。第三步分析当地文化与超规则之间的冲突和差异，即与相关利益者进行对话，尝试可能的、有效的解决方法。企业可以尝试采取一些支持人权和促进社会公平的行动，例如支持那些帮助穷人创业的小额贷款机构，与利益相关者联合起来监督分包商尊重人权等。第四步通过反馈过程帮助整个组织从当地的实施和尝试中学习，即企业系统地总结它在不同的文化和行动中的经验，并将那些在任何国家和文化环境下能够最好地服务于人们和公司的政策及做法制度化，同时建立一个持续的反

---

① 《世界人权宣言》第二十八条：人人有权要求一种社会的和国际的秩序，在这种秩序中，本宣言所载的权利和自由获得充分实现。第二十九条：（一）人人对社会负有义务，因为只有在社会中他的个性才可能得到自由和充分的发展。（二）人人在行使他的权利和自由时，只受法律所确定的限制，确定此种限制的唯一目的在于保证对旁人的权利和自由给予应有的承认和尊重，并在一个民主的社会中适应道德、公共秩序和普遍福利的正当需要。（三）这些权利和自由的行使，无论在任何情形下均不得违背联合国的宗旨和原则。第三十条：本宣言的任何条文，不得解释为默许任何国家、集团或个人有权进行任何旨在破坏本宣言所载的任何权利和自由的活动或行为。

② Logsdon, Jeanne, M., and Wood, Donna, J., 2002, "Business Citizenship: From Domestic to Global Level of Analysis", *Business Ethics Quarterly*, Vol. 12 (2), 177.

馈、监控和评价过程。① 这个模式既要求企业保证人类的基本权利和义务，又要求企业在此前提下包容不同地区、不同文化的差异，也要求企业创造性地开展增进社会公平的活动并通过不断的学习成为全球企业公民。

三 全球企业公民的意义

创造经济效益和赚取利润是企业对股东天经地义的义务和使命。作为经济组织，企业是独立的商品生产者和经营者，其经济行为的基本目标就是追求自身利润的最大化。然而，这并不是企业的唯一目标，因为企业同时也是社会的一个重要组成部分。作为社会组织，它必须同时考虑社会的整体利益和社会的长远发展，并自觉承担起相应的社会责任。这是因为，一方面企业从社会中得到了许多益处，享受了许多权利，它应当相应地向社会承担一定的义务；另一方面企业的经营行为对社会产生了巨大的影响，而且这种影响将会越来越大。世界经济论坛的研究表明，在当今国际经济和商业全球化的趋势下，是否具有社会责任感是决定企业能否取得成功的决定性因素之一。全球企业公民概念的提出正符合这样一种趋势。

（一）企业公民符合经济全球化的要求

现在西方社会在对企业进行业绩评估和贸易往来时，已经将社会责任作为一项重要的评价指标。因此，我国企业不仅要在产品、服务与技术上同国际接轨，在对待企业社会责任的态度和责

---

① 沈洪涛、沈艺峰：《公司社会责任思想起源与演变》，上海人民出版社 2007 年版，第 228—230 页。

任承担方面也应与国际接轨，否则将会在国际经济竞争中被淘汰出局。近年来，我国出口到欧美国家的服装、玩具、鞋类、小家电及日用五金等产品，都已遭遇 SA8000 标准的要求。2002 年 9 月，广东中山市一家 500 人左右的鞋厂因没有达到当地法律规定的最低工资标准，曾被客户停单 2 个月进行整顿。[①] 地处内地的出口企业，同样受到了企业社会责任标准的影响，重庆一家化工公司为了向一家全球最大精细化工企业出口化工中间体产品，先后接受了该公司两次严格的社会责任检查。与此相反，更多的企业则是因为达不到 SA8000 标准的要求，而痛失产品出口订单。现在，出口企业不仅遭遇国际社会责任标准的要求，同时也要面对政府部门对其在承担社会责任方面的审查。例如，我国商务部目前已经在六类资源型产品出口配额招标的时候引入了企业社会责任的审查程序，如果一家企业没有为职工按时足额交纳养老、失业、医疗工伤等各项社会保险，没有达到国家的环保标准，存在明显的违法违规行为，这家企业就不具备投资的资格。在经济全球化的背景下，我国企业应该基于全球企业公民的身份，在世界经济大潮中激流勇进，善尽企业社会责任。

（二）全球企业公民具有深远的战略意义

在经济全球化的大背景下，企业如果搞假冒伪劣，就会不正当地攫取消费者的利益；如果生产优质产品，不欺骗顾客，就要减少企业利润；如果要搞清洁生产、减少污染、保护环境，就更要减少企业利润。从表面上看，企业承担这些社会责任可能会影

---

① 蒋连根：《浙江外贸遭遇 SA8000 认证危机》（http：//www. ahbofcom. gov. cn/Item. asp？ ArticleID＝q60ec0200591511264）。

响企业利润的获取，而且在现实生活中有些企业凭借一些不良手段在短期内的确获得了高额利润，但这些都是目光短浅的行为。从企业的长远目标来看，承担社会责任的企业尤其是那些注重全球企业公民定位的企业能更可靠地获取较多的长期利润。这是因为全球企业公民的定位对企业的发展有着深远的战略意义。第一，企业重视社会责任的承担，有利于为企业创造一个良好的社会环境。企业基于全球企业公民的定位，以积极参与本国和东道主国家的社区活动等方式承担企业社会责任，有助于企业在本国和东道主国创造一个良好的社会环境，为企业的可持续发展奠定基础。第二，企业重视社会责任的承担，可以为其塑造良好的国内国际形象。无论是国内的利益相关者还是国外的利益相关者，他们通常会认为企业应当承担相应的社会责任，企业通过承担社会责任就可以塑造其在利益相关者心中的良好形象。企业在利益相关者心目中的良好形象，不仅可以促使企业销售额的上升，而且使得企业可以更容易地筹集到资金。第三，企业通过承担社会责任改善了企业在公众心目中的形象，也吸引到了更多的优秀人才，这不但可以增加企业的收益，而且所增加的收益足以抵补企业承担社会责任所额外支付的成本。从这种意义上讲，企业在利他的同时也在利己。企业基于这种全球企业公民的定位将给企业自身的可持续发展带来巨大的、无限的、可观的收益，这也将是企业在全球激烈的经济竞争中立于不败之地的战略要点之一。

四　如何成为优秀的全球企业公民

全球企业公民概念的提出不仅符合经济全球化的要求，而且对企业而言有着重要的战略意义，如何成为优秀的全球企业公民、善尽企业社会责任是大多数企业需要考虑的现实问题。

（一）全球企业公民身份

现代社会对企业私有性和社会性以及这两种角色需要承担的责任，主要有三种理解。[①]第一，企业对自己的经济行为直接导致的后果负有责任，这是普遍接受的观点。因此，化工企业需要对排入当地河流的废弃物负责，需要对它出售的产品质量负责，还需要对企业运营的安全负责。第二，企业承担的责任是有限的，例如，当地一家工厂排放的废弃物根本无法与其他数十家工厂的废弃物区别开来。因此，政府需要正确地对这些污染行为进行判断和区分，并合理地将这些商业成本分摊给不同的污染企业。第三，企业要将它们的私人逐利行为与社会责任有效地结合起来。人类需要为他们自己生存的社会负责，但是没有哪一个社会会认为只需人类对其负责。因此，当企业或企业法人成为社会密不可分的一部分时，社会就会希望企业对社会负责，对人类负责，提高社会福利，提高人们的生活水平。企业必须寻找适当的途径使它们自身的逐利行为与对社会责任的承担和谐一致，我们将此称为企业公民身份的确立。当企业跨越国界在多个国家经营时，企业公民身份就扩展为全球企业公民身份。一份来自前沿学术研究中心的研究报告这样定义这一概念："正如通过法律和公共政策、利益相关团体的期望以及自愿行为来判断企业价值和经营战略一样，全球企业公民身份的确立是认识、分析和回应企业的社会、政治以及经济责任的过程。企业公民身份的确立包括实

---

① 引自［美］詹姆斯·E. 波斯特、安妮·T. 劳伦斯、詹姆斯·韦伯《企业与社会：公司战略、公共政策与伦理》，张志强、王春香等译，中国人民大学出版社2005年版，第471页。

际结果（企业做什么）和它们怎么实现的过程（它们怎么做）。"① 全球企业公民的身份确立后，企业如何去实践这种全球企业公民的身份，这就涉及全球企业公民身份的实践模式。

（二）全球企业公民身份的实践方式

企业如果要想成为一名优秀的全球企业公民，它需要如何去实践？大多数企业会倾向于在自己行业特点的基础上，建立适合自己企业的社会关系和企业公民的身份模式。例如自然资源采掘业的企业，它们倾向于将充足的资源投入到那些开展勘探和提取业务的偏远地区，为那里的员工建立生活设施完善的社区、注意环境保护等。同样加工产品制造业企业与上述依靠自然资源维系企业发展的采掘业企业一样，面临着类似的社会问题。这些企业完全依赖于当地的社会环境和自然环境，这种依赖程度越强，则当地的利益相关者就越关心企业污染、交通以及其他危机的负面影响问题。这些企业面临的社会问题也会与其他企业不同，企业承担社会责任的侧重点也会与其他企业不同，企业必须依照自己的实际情况对企业承担社会责任并进行模式的规划。在电子领域、互联网和电子商务公司也在建立与众不同的全球企业公民身份模式，例如美国在线—时代华纳公司、IBM 公司、思科系统公司和朗讯公司等就正在创造全球企业公民身份模式。全球企业公民身份的模式正是通过建立与利益相关者之间积极的、有效的沟通与解决机制而推进企业承担社会责任，进而推进企业的繁荣和发展以及社会的进步和稳定。

---

① ［美］詹姆斯·E. 波斯特、安妮·T. 劳伦斯、詹姆斯·韦伯：《企业与社会：公司战略、公共政策与伦理》，张志强、王春香等译，中国人民大学出版社 2005 年版，第 472 页。

（三）付诸实践的全球企业公民行为

由于许多企业都参与全球性的商业活动，全球企业公民身份的识别是企业身份的一个主要方面或部分。通过这种付诸实践的全球企业公民行为，企业可以与另一个企业的企业公民身份相区别，从而更好地赢得社会和利益相关者的青睐。全球企业公民身份的识别或者确立常常包括企业在当地、区域及全球实施一系列的计划和措施。例如，朗讯技术公司就提供了一个有关全球企业公民实践模式如何与经济全球化相适应的有益例证。1996年，朗讯技术公司举办了它的首次"全球爱心日"纪念活动，现在这是公司每年一度的自发活动，目的是鼓励公司雇员花费大量的时间和精力参与全球范围内的各种社会责任项目。对于一个在全世界共有将近150000名雇员，在90多个国家有业务活动的公司而言，"全球爱心日"是一个认识、感激和更进一步保护利益相关者利益的日子。在2000年的"全球爱心日"期间，朗讯公司17000名志愿者共支援了500多个项目，为全球提供了超过100万小时的志愿服务。在志愿者的传统不如美国那么深厚的国家，朗讯公司有超过4300名的朗讯志愿者在美国以外的26个国家开展超过40个社会责任项目的活动。① 朗讯公司通过将这种符合企业自身特色的全球企业公民身份的实践，不仅为企业在全球范围内赢得了较好的国际形象，取得了良好的社会效果，扩大了企业的国际影响力，而且也对当地的社会稳定和发展，民众生活水平的提高作出了贡献。另外的一个例子就是巴西的O Boticarion公

---

① ［美］詹姆斯·E.波斯特、安妮·T.劳伦斯、詹姆斯·韦伯:《企业与社会：公司战略、公共政策与伦理》，张志强、王春香等译，中国人民大学出版社2005年版，第473页。

司（一家化妆品公司）致力于开发能够保留巴西自然资源的新方法，这家公司也以这种全球企业公民身份的模式承担企业的社会责任。①

无论是国外的企业还是我国的企业，它们都应该像社会中成熟的、负责任的、正直的公民一样，要为社会作出贡献，尊重道德行为准则和规范，在决策过程中要以对社会利益负责为出发点。负责任的"全球企业公民"的实践不仅可以促进企业自身业务的发展，例如成为客户首选的合作伙伴，吸引、激励和留用人才，而且间接地给合作客户带来更大的价值和利益，同时增强与社会各界的联系，获得社会更多的认可，从而降低投资风险，吸引更多的投资者。

第四节　经济法制环境下企业承担社会责任的举措

现在，企业不仅面临着复杂的国内经济环境，在经济全球化的背景下，还面临着更加严峻的国际经济环境。为应对这种国内外经济环境的变化，企业必须采取适当的举措适应这种经济环境的变化。

一　增强企业竞争力

随着经济全球化而来的是，企业社会责任已经成为一流企业"高标准、严要求"的公认指标。从 1999 年美国推出"道琼斯可

---

① 参见［美］詹姆斯·E. 波斯特、安妮·T. 劳伦斯、詹姆斯·韦伯《企业与社会：公司战略、公共政策与伦理》，张志强、王春香等译，中国人民大学出版社 2005 年版，第 473—474 页。

持续发展指数"①，到 2001 年英国的 Footsie for Good，再到澳大利亚推出的 RepuTex②，国际社会已经越来越看重企业社会责任，并加以量化。③ 社会责任的提倡不仅能提升企业的社会形象，而且能使企业获得进入国际市场的通行证，增强企业的长期营利能力。正如星巴克 CEO 奥林·史密斯所言，星巴克的最大成就之一，就是说服顾客支付 3 美元的高价购买一杯"有社会责任的咖啡。"④ 世界经济论坛也指出，社会责任感是决定企业能否在全球化运作中取得成功的决定性因素之一。事实上，越来越多的企业实践和众多的研究成果充分说明，企业完全可以以增强企业竞争力的形式善尽企业社会责任，从而在激烈的经济竞争中保有一席之地。

（一）提升企业社会形象

企业通过从事公益性活动承担社会责任，有利于加强企业与社会的联系，扩大企业知名度，树立良好的企业形象。在当今经济社会，特别是全球化经济时代，企业的生存与发展越来越依赖于市场（包括国内和国际）和公众。没有公众的认可，任何企业都难以生存和发展，所以，提升企业形象和品牌的知名度对企业具有重要的战略意义。例如，1996 年青岛海尔电冰箱股份有限

---

① 道琼斯可持续发展指数（The Dow Jones Sustainability Indexes，DJSI）颁布于 1999 年，主要是从经济、社会及环境三个方面，以投资角度评价企业可持续发展的能力。（http：//www. istis. sh. cn/list/list. asp? id＝4296）

② RepuTex 于 1999 年成立于墨尔本，已经在其网站上发布了 400 多个评级，其中 150 个是针对澳大利亚或新西兰公司的评级。（http：//fec. trade. gov. cn/chinese/php/show. php? id＝19560）

③ 谭森、刘开明：《跨国公司的社会责任与中国社会》，社会科学文献出版社2003 年版。

④ 于清教：《企业要富有社会责任感》，《中国质量报》2006 年 8 月 17 日。

公司组建了一支由 180 个身穿"海尔电冰箱放映队"特殊服装的专业人员，为山东、江苏等地的 139 个县的农民送 10000 场电影的活动。他们提出"海尔冰箱为农民兄弟着想"的口号受到社会各界的良好评价。①

（二）关注社会热点

不管是过去、现在还是在未来，在经济高速发展的时期，环境保护问题一直都是社会和企业关注的热点。为此，众多企业整天绞尽脑汁，苦苦思索如何开源节流，善尽环境保护的社会责任。实际上，以杜邦公司为代表的"全球企业公民"早已另辟蹊径，从防患于未然入手，把预防污染放在第一位，有效解决了这一难题。杜邦公司注重员工在环境保护方面责任意识的培养，使得每个参与生产和经营的员工都牢记"尽量不要在地球上留下脚印"这句企业座右铭。② 这句座右铭有两层含义，一是尽量少用不可再生的资源，二是所有排放物尽量减少到最低限度，不对环境造成伤害。因此，废料减量和资源再生利用成为杜邦公司环境管理的重点，对杜邦公司而言，环境保护不再只是消极地增加企业运营成本，而是被视为能够产生效益的新措施。这对大多数苦于寻求有效环境保护措施的众多国内企业而言，杜邦公司无疑是一个最好的学习榜样。

（三）构筑法律人才高地

在知识经济时代，人力资源成为企业最重要的资源之一。在一定程度上，对一流人才的争夺是企业成功的必要因素。常言

---

① 田虹：《企业社会责任及其推进机制》，经济管理出版社 2006 年版，第 124 页。

② 资料来源：http：//www2.dupont.com/China _ Country _ Site/zh _ CN/index. html。

道，"良臣择主而侍，良禽择木而栖"。例如，美国杜邦公司自1957年以来就一直没有中断对美国教育界的支持。我国国内许多大学也经常得到国外一些企业的赞助，清华、北大、复旦等高校中，外资企业设立的奖学金、奖教金比例也相当大。相比较而言，我国企业在这方面做得还比较欠缺。企业通过这些公益性活动不仅为教育发展做出了贡献，同时也获得了企业发展所需的智力支持。经常参与到社会事业中的企业，相比而言更具知名度，更易获得人们和社会的好感，当然也更易招聘到并留住优秀人才。即使在人才相对过剩，好工作不是轻而易举就能找到的今天，相当一部分人仍会把企业的社会责任作为衡量企业是否合适的一把尺子。因此，我国企业在关注环境保护、社区服务等社会责任的同时，也应该将目光投向对未来人才的培养，从而在此过程中善尽企业的社会责任。

（四）重视法律法规和社会责任标准

企业如果以种种形式证明企业自身切实遵守了与企业社会责任相关的法律法规，常常能被国家或者当地政府给予更多的自由和权利。例如，美国联邦判决指导方针规定，如果企业能证明它已将企业社会责任落到实处，并且实行了有效的社会责任规范计划的话，针对该企业的处罚和罚款就会相对减少甚至完全没有。我国也有公司法等法律法规对企业社会责任承担做出了明确的规定，我国企业要想在国内外的激烈竞争中茁壮成长，必须遵守相关的法律法规，同时也要重视相关的国际社会责任标准。现在，越来越多的中国企业选择"走出去"，而面对一个个陌生的社会责任标准时，它们就会意识到通过这些社会责任标准认证是多么重要。善尽企业社会责任不仅能让企业获得一张张进入国际市场的通行证，巧妙突破种种贸易壁垒和市场壁垒，变天堑为通途，而且对于快速提升企业品牌形象能起到关键的作用。

二 优化企业治理结构

通过企业治理结构和机制的完善以及治理手段的创新，加强企业社会责任的承担，有利于企业在当今全球市场经济的大潮中立于不败之地。

（一）设立董事会专门委员会

董事会治理是企业治理的核心内容，良好的董事结构和运作机制是企业承担企业社会责任的保证。随着经济全球化时代的到来，董事会治理仅仅满足最低的"规范性要求"是无法在目前利益相关者"共同治理"的时代背景下持续发展的。在这个时代背景下，要求企业充分考虑到利益相关者的权益，切实承担企业社会责任，主动设立董事会专门委员会，为企业切实承担社会责任奠定基础。我国《上市公司治理规则》指出，上市公司董事会可以按照股东大会的有关决议，设立战略、审计、提名、薪酬与考核等专门委员会。目前，许多大企业都设立了审计委员会、提名与企业治理委员会、社会责任委员会等专门委员会指导并监督企业承担对利益相关者的社会责任。例如，TESCO（乐购）中国公司就建立了企业社会责任委员会，专门负责与企业社会责任承担有关的事项。①

---

① 有关 TESCO（乐购）公司的企业社会责任委员会的具体分工和职责可以查看：http://www.tesco.com。

（二）完善职工董事制度

职工是企业重要的内部利益相关者，企业加强承担对职工的社会责任，不仅要提高劳工待遇，还要充分重视职工参与企业治理的程度和在企业治理中发挥的作用。例如法国、德国、丹麦等国家都在立法中规定了职工进入企业董事会的制度。我国《公司法》关于职工董事方面的规定是董事会成员中可以有企业职工代表（除两个以上的国有企业或者两个以上的其他国有投资主体设立的有限责任公司外）。2006 年 3 月，国务院国有资产监督管理委员会为充分发挥职工董事在董事会中的作用，制定了《国有独资公司董事会试点企业职工董事管理办法（试行）》。职工董事制度作为企业治理的一项制度创新，其目的是为了切实维护职工的权益，正确处理企业与职工之间的利益关系，从而促使企业充分承担对企业内部重要利益相关者的社会责任；同时，职工董事制度也提高了职工参与企业治理的程度，提高了企业决策的科学性，为企业承担社会责任奠定了扎实的基础。

（三）创新中小股东参与和保护法律机制

广大中小股东是企业重要的利益相关者，企业应该通过不断创新，加强对中小股东权益的保护。提高中小股东参与企业治理的程度，是企业承担社会责任的又一表现。2006 年 3 月 16 日，中国证监会发布了《上市公司股东大会规则》，该规则对网络投票的要求和表决作了相关规定。股东大会就选举董事、监事进行表决时，根据公司章程的规定或者股东大会的决议，可以实行累积投票制。2006 年 4 月 20 日，深交所发布了《深圳证券交易所上市公司股东大会网络投票实施细则》，对网络投票系统的时间、方式和结果的统计作了明确的规定。对于采用累积投票制的议案，上市公司股东应当以其所拥有的选举票数为限进行投票，如股东所投选举票数超过其拥有选举票数的，其对该项议案所投的选举票视为弃权。2007 年 3 月，证监会发布《关于开展加强上市公司治理专项活动有关事项的通知》也对此进行了明确的说明。无论是网络投票方式还是累积投票方式，企业通过这种企业治理的创新方式鼓励中小股东参与企业治理，不仅有效地保护了中小股东的利益，而且也有利于树立企业承担社会责任的良好公众形象。

（四）制定专门的企业社会责任制度

除了以上介绍的三种企业治理方面的手段外，有的企业还通过建立专门的社会责任制度来加强企业社会责任的承担。例如，太原煤气股份有限公司董事会于 2007 年 3 月制定并公布了《太原煤气化股份有限公司社会责任制度》。① 该制度明确指出，公司在追求经济效益、保护股东利益的同时，应当积极保护债权人和职工的合法权益，诚信对待供应商、客户和消费者，积极从事环境保护、社区建设等公益事业，促进公司本身与全社会的协调、和谐发展。该制度还从保护股东和债权人权益，保护职工权益，保护供应商、客户和消费者权益，环境保护与可持续发展，关注公共关系和社会公益事业以及关于制度建设与信息披露等方面指出企业应该如何承担企业社会责任。这一专门的企业社会责任制度的制定，使得企业在承担社会责任时有章可循，有助于企业根据自身特点来承担企业社会责任。

---

① 资料来源：巨潮资讯网 http：//www.cninfo.com.cn/finalpage/2007 - 03 - 17/21566716.PDF。

在经济全球化的背景下，社会大众、消费者、社区等利益相关者对企业治理提出了更高的要求和期望，企业必须充分关注利益相关者的权益，注重社会责任的承担。我们也应该看到，企业治理的优劣状况与企业社会责任的承担，两者之间是相互促进、密不可分的关系。一方面，完善的企业治理结构和机制有助于企业更好地承担起社会责任；另一方面，在企业承担社会责任、关注利益相关者权益的同时，保证了企业决策的科学性和合理性，进而促进企业治理效率的提高。

三 踏上全球企业公民之路

如果企业面对这样一个单项选择题，为什么在中国办企业，它会如何选择？A. 利润最大化；B. 当受尊敬的企业公民；C. 当受尊敬的全球企业公民。世界 500 强跨国企业多半会毫不犹豫地选 C，大多数本土企业家或许会不假思索地选 A。在此我们有必要对企业公民和全球企业公民的区别进行认真的分析和总结，为更深入地对这个问题进行研究，有必要先就两者的要点进行比较对照，这将有助于对企业公民和全球企业公民的认识。企业公民的要点有：第一，企业公民是理论与实践的结合，实践引领理论的发展。第二，企业公民被企业界人士所广泛采用，在学术界和实务界之间架起了一座桥梁。第三，企业公民强调企业承担对全体利益相关者的责任是企业的内在责任。第四，企业公民强调提高企业的透明度、责任感等问题。第五，企业公民强调企业与利益相关者间的关系是所有企业的核心，也是企业生存的根本。全球企业公民的要点有：第一，借用政治学理论将企业公民从本土扩展到全球，提出了全球企业公民的概念。第二，通过采用一套简单的行为规范在全球经营活动中遵守"超规则",认为在不违反"超规则"的前提下适应当地的文化,遇到"道德真空"地带时,可以进行一些尝试,并有系统地进行学习。① 在明晰了两者的要点之后,将这些要点进行比较就可以得出企业公民和全球企业公民的不同之处。第一,理论基础不同,前者强调有同情心的保守主义,后者强调有确定的与人们和组织之间共享的身份和连接。第二,道德基础不同,前者强调基于"回馈"的自愿慈善已经被接受和理解,后者强调以人类自由、社会公平和商业组织从属于人类利益等价值观作为道德基础。② 第三,遵循的原则不同,前者强调最小的法律要求,期望企业"回馈"社区,包括宽泛的和可接受的自愿行为,后者要求强制遵守"超规则",期望企业在当地运用并进行系统学习,自愿保护广泛的相关利益者的利益。③ 第四,强调的重点不同,前者有限地强调社区和慈善责任,后者强调企业对有关问题和相关利益者进行广泛关注,承担特定的、有实践意义的责任。第五,对自利行为的态度不同,前者强调企业的自利行为是可称道的,而且有可能还是为了激励企业实施惠及社会的行为所必要的,后者强调自利行为是可能的、可接受的和可称道的,但不是履行公民义务所必要的,长期的生存才是惠及企业和社会所需的。

---

① 沈洪涛、沈艺峰:《公司社会责任思想起源与演变》,上海人民出版社 2007 年版,第 230 页。

② 引自沈洪涛、沈艺峰《公司社会责任思想起源与演变》,上海人民出版社 2007 年版,第 231 页。

③ Logsdon, Jeanne, M., and Wood, Donna, J., 2002, "Business Citizenship: From Domestic to Global Level of Analysis", *Business Ethics Quarterly*, Vol. 12 (2), 167.

深入分析企业公民和全球企业公民的要点和区别之后，我们更有理由相信在经济全球化的背景下，企业要想更好地应对这种经济环境的变化和发展，必须以全球企业公民的定位承担企业的社会责任。21世纪世界经济的显著特征之一就是全球化。经济全球化一方面使得企业在社会与经济中的影响力迅速增强，另一方面又导致了许多一国政府无法解决的问题，从而让人们开始重新思考对企业的要求。企业公民将公民的概念从个人延伸到了企业，全球化又将企业公民扩展为全球企业公民。全球企业公民使得原有的企业社会责任可以突破地域和文化的界限，在全球化时代为企业的社会责任行为乃至实现卓越提供了一种全新的指引。①"有能力的人，请把你的烛光照得更远"，企业如果要想在全球化浪潮下站稳脚步，就必须从单纯的"获利导向"转向"公益导向"，以全球企业公民的姿态为企业创造更多、更有益的价值，为社会奉献更深远的意义。科恩认为：企业公民不是一个新概念，而是一个已经到来的时代。②借用科恩的话，全球企业公民也不是一个新概念，而是21世纪企业"呼风唤雨"时代的到来。

①　沈洪涛、沈艺峰：《公司社会责任思想起源与演变》，上海人民出版社2007年版，第235页。

②　Vidaver-Cohen, Deborah, and Altman, Barbara W., 2000, "Concluding Remarks, Corporate Citizenship in the New Millennium: Foundation for an Architecture of Excellence", *Business and Society Review*, Vol. 105 (1), 167.

第五章　技术法制视角与企业社会责任

不论技术是被用于从事新产品的生产和加工，或者是被用作达到其他有价值成果的方法或者手段，技术已经成为我们生活中的一部分，成为企业的核心。技术不仅彻底地改变了我们所生活的世界，而且使我们生活得更舒适。然而，正如很多学者所观察到的以及我们所认识的那样，技术是一把"双刃剑"。技术的进步给社会和企业带来了很多积极的作用，但同时，技术的进步也给社会和企业带来了许许多多的新问题和新挑战。技术的进步促进了我们生活水平的提高，使我们的生活更加优质化和便利化，同时技术也促进了企业生产效率的提高，使企业获取更大的利润从而更加关注自身社会责任的承担。但技术的进步有可能成为社会中一股"解放的"或者"破坏性"的力量，使人们之间更加疏远、孤立、扭曲和毁坏。[①] 不论是技术进步带来的正面影响，还是技术进步产生的负面作用，技术已经成为 21 世纪社会和企业

---

① ［美］阿奇 B. 卡罗尔、安 K. 巴克霍尔茨：《企业与社会伦理与利益相关者管理》，黄煜平、朱中彬等译，机械工业出版社 2004 年版，第 157 页。

共同关注的一个重要主题。的确，技术已经成为我们社会生活中一个不可分割的方面，技术也已成为企业生产和经营中一个不可回避的社会问题。

第一节 技术与企业社会责任

在深入分析技术与企业社会责任这一问题之前，我们有必要先对技术的内涵、特征、益处和副作用进行简要的介绍和分析。

一 技术

（一）技术的内涵

技术对不同的人意味着不同的事，因此技术也被赋予了更多的含义。技术（technology）指的是"所有被用来为人类的生存和舒适提供必要对象的方法"。它还可以被看成是"达到实际目的的科学方法"。技术还可以被看成是人们用他们的发明和发现来满足其需要和欲望的所有方法。[①] 虽然技术包含的内容较为丰富，但是我们还是可以给技术下一个较为准确的定义，即技术是指所有被用来满足我们生活需要和欲望的方法。有史以来，我们发明和制造各种工具、机器以维持生存和提高生活质量。这些技术进步使我们的生活变得更加舒适，使我们的工作变得更加容易和更加高效。因此，无论是社会还是企业都对技术表现出极大的欢迎态度，特别是技术对企业产生的重要影响使得企业比社会其

---

① ［美］詹姆斯·E.波斯特、安妮·T.劳伦斯、詹姆斯·韦伯：《企业与社会：公司战略、公共政策与伦理》，张志强、王春香等译，中国人民大学出版社 2005 年版，278 页。

他部门对技术更欢迎、应用更多也就不足为奇了。从表4[①]中可以看出，在美国技术的发展大致经历了六个阶段。在历史上，各民族都连续地走过了六个阶段，从最低层的技术开始，一步步地迈向更高的阶段，所以这六个阶段也概略地代表了人类文明进步的历史进程。

表4 技术发展六阶段

技术水平	技术发展阶段	在美国的大致时期	活动	主要应用的技能
1	游牧阶段	直至 1650 年	收割	手工
2	农业阶段	1650—1900 年	耕种和收割	手工
3	工业阶段	1900—1960 年	制造物质产品	手工和机器
4	服务业阶段	1960—1975 年	提供服务	手工和智能
5	信息阶段	1975—1997 年	思考和服务	智能和电子技术
6	生物阶段	1997 年至今	革新和服务	生物技术

纵观技术的发展历史，技术已经成为社会的一种爆发性的推动力量。它不断地在商业、人类乃至整个世界中造成一系列的影响，总之，技术的进步是不可阻挡的。尽管技术革新给社会中的一些人带来了新的严重问题，但它却是人类文明的一个重大进步。新工作、新技能取代了旧的一切，生活标准提高了，同时，经济繁荣也使亿万人对未来有了更为美好的设想，对企业有了更为美好的期待。技术的发展和进步对社会和企业的贡献功不可没。

（二）技术的特征

技术主要是科学的应用，特别是在工业或商业领域的应用。

---

① 笔者参照相关资料加以整理。

技术的特征主要有：第一，技术的主要特征就是变化及随之而来的更多的变化。技术迫使人们作出改变，而不论他们是否已做好准备。在当今社会，技术已经带给我们如此多的变化，以至于产生了一种被称为未来冲击的现象，意思是这些变化来得太快也太猛烈，已经达到了人们所能忍受的极限，人们缺乏足够的能力来成功地应付它们。尽管技术并不是这些变化产生的唯一因素，但它是最主要的因素。它与社会中发生的变化有着直接或间接的关联。第二，技术的另一个特征是它的作用的广泛性。技术大潮在社会中穿流，直至每个人、每个团体都受到了它的影响。例如电子通信，通过电磁信号进行远距离的信息传输，已经在我们社会的发展史上发挥了重要而积极的作用。这种创新不仅加强了国际间的商业往来，联结了分散在各地的亲友，还使我们能够发现太空的诸多奥秘。虽然，伴随着这些进步而来的是通过数据库和远距离的市场活动对个人隐私造成侵犯的巨大隐患。第三，技术的附加特征就是它的自我强化性。[1] 这种自我强化的特征是指技术能推动自身快速地发展，即技术可以哺育自身，技术可以使更多的技术成为可能。

（三）技术的益处

在现代经济社会中，技术越来越显示出其作为一种独立的生产力要素所发挥出来的巨大作用。技术的发展和广泛的应用，在许多方面改变着社会生产力要素之间的关系，不断改变着人、生产工具与劳动对象、服务对象之间要素配置的比例，改变着生产

---

① [美]詹姆斯·E. 波斯特、安妮·T. 劳伦斯、詹姆斯·韦伯：《企业与社会：公司战略、公共政策与伦理》，张志强、王春香等译，中国人民大学出版社 2005 年版，第 282 页。

过程、服务过程中要素配置的方式、配置的效率和配置的最终结果。社会进步在很大程度上得益于技术和创新，对此没有人有疑义。由于技术，如今作为职员、消费者和社区成员的我们可以生活得更好。技术不仅可以帮助我们控制自然，而且可以帮助我们创造文明的生活。技术的益处主要有：第一，技术的应用使人的知识性劳动在整个人的劳动中所占的比重极大地提高，同时也使得在人的活劳动与物化劳动之间的相互关系中，人的知识性技术性劳动越来越具有支配性、决定性的地位和作用。第二，技术为生产效率的提高，提供了强大的动力和实现方式多样化的路径选择。生产过程和服务过程中效率的提高，往往可以带来产品成本的降低，这不但意味着收益的扩大和增加，同时也使得产品使用者和需求者，以同样的价格可以获得更多的产品使用效益和更多的利益满足。第三，技术的进步日益改变着对自然资源的依赖和利用的方式。新的技术创新，技术开发，技术的运用可以使生产者不再受区域、地理自然资源状况的影响。技术的进步可以使生产者跨越在自然资源获取和利用方面的种种限制，根据其所具有的技术优势和技术特点，开发和生产出不受地域、自然资源状况约束的并能满足不同市场需求的产品。第四，技术的开发、创新和应用，导致了产品在质量、功能、价格、用途及效用等许多方面出现了重大的变革。技术在不断创立和制定新的产品的质量标准、服务标准的同时，使产品在功能上更加先进、可靠和完善。①

---

① 田广研：《企业裂变——企业与社会》，中国社会科学出版社 2007 年版，第61—66 页。

综上所述，技术提高了社会产品和服务的生产量，降低了生产产品和服务的劳动量。这不仅提高了产品的质量，而且还提高了企业的生产力水平。技术不仅使人们用更少的劳动力生产出更多的产品，它还使劳动变得更容易、更安全了，节省劳动力的技术所带来的直接结果是我们的生活水平更高了。技术的进步使得人们有了更多的闲暇时间，对人们的生活方式产生了极大的影响。如今，那些利用技术的经济领域中，人们吃得更好、穿得更好、住得更好，并且他们比历史上的任何一代人都享受更健康、更舒适的生活，甚至由于这些因素，人们的寿命也延长了。

（四）技术的副作用

无论技术如何进步，技术有其内在的益处，也有不尽如人意的副作用及挑战。技术在很多方面对人有益，但技术也有一些人们意想不到的副作用，这些副作用是在应用技术之前没有预想到的一些问题或效果。其中的一个主要原因是在技术被应用之前，人们对技术可能产生的副作用或潜在的危险没有进行过多的思考。汽车就是一个典型的例子，从19世纪晚期到20世纪初，人们认为汽车比马更安静，气味也不像马那么臭。然而，随着汽车的普及，汽车很快变成一种明显的、轰鸣的交通噪声，这种噪声比马蹄的"嗒嗒"声还要大，汽车排放的废气比马粪的味道更有毒。一氧化碳的难闻气味污染了空气，汽车的其他废气也威胁着人们的健康。除此之外，我们还经历了交通堵塞、石油短缺、交通事故等一系列相关的技术问题。

技术的副作用主要有以下几个方面。一是环境污染。在不受欢迎的技术副作用中，这点排在第一位。尽管人们努力去解决这个问题，但如今很多工业国家仍然面临严重的空气、水、土壤、固体废物和噪声的污染。由于技术，全球变暖成为人们关注的话题。二是自然资源的枯竭。技术的飞速发展一直在威胁着自然资源的供应，燃料短缺和能源短缺早已是我们必须严密关注的社会问题。三是技术性失业问题。技术性失业最常见的形式是技术代替了人力，正如我们在工业发展的自动化阶段所经历的那样。在一个总的水平上，这是人们以前没有预料到的。然而在短期，对那些技能有限的、被局限于某种具体工作的人而言是一种威胁，甚至是一种淘汰。四是由于技术造成了人们对工作的不满，技术领域的很多工作使工人没有成就感。当工作被分解为小的部分时，每一个工人都远离了能够给他们带来成就感和骄傲的成品。每天他们都只局限于某一环节上的、反反复复的、来来回回的甚至是枯燥的简单操作。当工作和某一种技术加工密切有关时，工人们会很容易产生单调感和乏味感，这有可能会导致安全事故的频发。五是技术的革新带来了一系列与企业、社会相关的法律和道德问题，这种新问题对传统的法律和道德提出了严峻的挑战和危险，相关的法律法规急需对这种新问题进行完善的立法规制。

二 技术对企业的影响

技术无疑是当今社会发展和经济繁荣的强大推动力。大到通过电子媒介进行的全球交流、商业交易，小到构成我们日常生活的那些简单任务，都深受技术发展的影响。无论我们身处家中、学校还是工作场所，来自技术方面的创新已经显著地改变了我们的生活、娱乐、学习和工作的方式。这些在全球范围内发生的翻天覆地的变化对我们人类以及我们所赖以生存的地球甚或是企业也都产生了深远的影响。尤其对于企业而言，技术对企业的发展具有关键性和主导性的影响。技术的进步能提高企业的产品质量或降低生产管理成本，但是技术的获得也需要一定的成本，如研发成本或技术购买成本，甚至是法律成本或伦理成本。总体而言，技术对企业的影响是有利有弊。

技术的进步无疑对企业发展产生了诸多有利的影响，企业通过获取新技术和运用新的生产手段，推动新产品开发、劳动生产率提高等，进而增强企业的竞争力和生产水平，促进企业的永续发展和经营。例如，美国国会（2000 年）通过了《电子签名法》，允许人们在文件上使用"数字签名"。因为"生物测定学"①研发出了个人信息识别的新技术，能够让这一切成为可能。企业就可以应用这一新的技术与消费者等利益相关者之间进行网上交易，这一先进的技术模式改变了许多企业的业务经营方式，为企业创造出了更多更大的价值。技术也对企业的发展产生了很多不利的影响，企业需要花费更多的资金去购买新的技术，从而增加了企业的生产成本；为了增强企业的竞争力，企业需要投入更多的人力和物力研发新的技术，从而增加了企业的研发成本；技术的飞速发展在带给企业诸多便利的同时，也增加了企业侵犯雇员、消费者等利益相关者权益的可能性；技术的日新月异导致那些仍旧使用传统技术的企业难以维系，进而导致其被市场淘汰出局。例如，当生物测定扫描仪得到广泛应用，按照市场竞

---

① 生物测定学（biometrics），原指用数理统计方法对生物进行分析，现在多指对生物体（一般特指人）本身的生物特征来区分生物体个体的计算机技术。研究领域主要包括语音、脸、手掌纹、虹膜、体形、个人习惯（例如敲击键盘的力度和频率、签字）等，相应的识别技术就有说话人识别、人脸识别、掌纹识别、虹膜识别、体形识别、键盘敲击识别、签字识别等。

争法则和"适者生存"原则，墨渍印鉴系统就将遭到淘汰，那么，印泥生产商以及印泥生产厂的工人们也就可能无法再继续从事他们以前的工作。但我们不可否认的是对于整个社会而言，生物测定识别仍然是对资源更为有效的利用和对先进技术更为有效的推广。

三　与企业社会责任密切联系的技术

我们当前关注的技术环境包括社会中的一系列技术进步，包含新产品、新工艺、新材料、新知识和科技的进步，其可以是理论意义上的，也可以是应用意义上的。这种技术环境的变化速度和复杂的程度使它对当今的企业具有特别的意义。技术性变革是21世纪不可或缺的一个组成部分，它基本上会影响到我们所做的每件事情。而这种技术性变革对企业而言更具有重要的意义和影响。我们正在从以技术为特征的工业技术世界向信息技术（information technology）和生物技术（biotechnology）占主导的世界转变，[①] 这种信息技术和生物技术与其他技术相比，与企业承担社会责任之间的关系更为密切。

以计算机为基础的信息技术或是被很多人称为的 IT 技术，几乎触及和影响到各种企业和其利益相关者。企业和雇员、消费者等其他利益相关者或者被这种技术所影响，或者直接被卷入到这种技术的漩涡之中。企业所面临的主要任务就是以对雇员、消费者等负责任的方式，保护雇员、消费者等利益相关者的合法权

---

① ［美］阿奇 B. 卡罗尔、安 K. 巴克霍尔茨：《企业与社会伦理与利益相关者管理》，黄煜平、朱中彬等译，机械工业出版社 2004 年版，第 158 页。

益。对于企业而言，生物技术领域的技术变革对其同样具有重大的意义。生物技术的飞速发展使得企业可以创造可预期的甚至是难以估价的市场价值和社会价值。例如，转基因食品。转基因食品是一种高科技发展的产物，其安全性问题目前受到了越来越多的普遍关注。转基因食品对人类的危害主要有：对消费者身体健康的危害、对生态环境的危害、对社会经济的危害等。企业在研发和生产这种转基因食品时应该更加关注其产品对消费者、环境等利益相关者产生的影响，进而以对消费者、环境等利益相关者负责任的方式，善尽企业的社会责任。当今，无论是信息技术还是生物技术，都与企业和人们生活的社会相依共生，企业在使用或者创造新技术的过程中应该关注技术进步对雇员、消费者、环境等利益相关者产生的有利或者不利的影响。随着技术的日益发展和进步，企业等组织作为技术发展和进步的承载体或者创新者应该更多地承担起对利益相关者的社会责任。

第二节　信息技术法制与企业社会责任

信息技术的飞速发展，使得企业的生产和经营更加便利，同时企业在使用这些技术时也产生了许多新问题，这些问题很多都与企业承担社会责任有关。

一　信息技术

信息技术（Information Technology，IT）是主要用于管理和处理信息所采用的各种技术的总称。它也常被称为信息和通信技术（Information and Communications Technology，ICT）。自计算机和互联网普及以来，人们日益普遍地使用计算机来生产、处理、交换和传播各种形式的信息（例如书籍、商业文件、报刊、唱片、电影、电视节目、语音、图形、图像等）。以计算机为基础的信息技术或是被很多人称为的 IT 技术，几乎触及各种利益相关者。企业和雇员或者被这种技术所影响，或者直接卷入对这种技术的狂热追求之中。我们所处的信息技术发展阶段，强调的是知识和信息的应用与交流。它们使工作变得更加抽象，各种规模的企业，包括最小的企业，都在获取信息时代带来的益处。正如我们感受到的那样：信息时代影响甚至是改变了我们工作、学习和娱乐的方式，甚至是影响和改变了我们的饮食及健康的方式。到了 21 世纪初期，信息时代的触角已经伸向了企业及社会的每一个领域，人类文明从未经历过如此快速的变革。这些发明将社会推进到一个网络空间，在那里，通过相互连接的电子网络体系，信息得以存储，思想得以描述，人们自由地进行沟通和交流。在这个新的信息时代，发展起来的技术制造出了可容纳更多信息的装置，它在 10 年里承载的信息量比过去 1000 年的还要多。信息技术的进步给我们的生活带来翻天覆地的变化的同时，也给我们的生活带来了意想不到的新问题。这些新问题对传统的技术法律提出了新的挑战，各国纷纷就此制定了相关的法律法规对这种新技术问题进行立法的规制，由此形成了一种新的信息技术法制环境。在这种信息技术法制环境下，企业在信息技术方面需要承担相应的社会责任。

二　信息技术法制环境对企业的要求

当今，信息技术法制环境对企业提出了更高的要求和期望，这些要求和期望主要包括以下方面。

（一）企业需要重视雇员的权益保护

企业在享用信息技术进步带来的生产和经营更加便利化的同时，也使其雇员享受到了这一便利的条件，但是由此也产生了企业如何更好地保护雇员隐私权和尊重雇员合法权益的社会问题。在工作场合中，技术进步对雇员产生的影响通常是积极的。例如，信息技术的便利化使得雇员可以随时随地地获取自己所需要的知识；可以提高雇员的工作和生产效率，提高企业的生产力；可以增进雇员与客户或者消费者之间进行有效的和及时的交流与沟通；可以更好地减轻雇员在工作中面临的无形压力等。雇员在享受信息技术的进步带来便利的同时，也越来越受到企业对其的监视和监督。这种监视和监督一般都是通过对雇员电子信息的监督和检查来进行。企业的这些做法有可能会侵犯雇员的个人隐私，进而可能会侵犯雇员的合法权益。雇员们也越来越关注企业或者他们的主管者能在多大范围内监督和监视他们与工作相关的行为，甚至是他们的个人生活，这些都涉及企业承担社会责任的问题。

1. 对使用 E - mail 的监督

企业对雇员通常的监督方式是监督他们使用 E - mail 和网络。雇主为什么要这样做并不奇怪，有证据表明，雇员使用越来越多的时间在网上收发他们的个人 E - mail、购物或者访问一些网站。雇主监督他们的雇员的一个主要原因是这项技术很经济而且很方便，可以随时随地的使用，而且最主要的是他们能够很容易地采用这项技术。下面的这个例子足以说明由于企业监督雇员使用 E - mail 技术所产生的社会责任问题。一个男子去看医生，做了一系列的检查和化验。医生得到了检查结果后，通过 E-mail 把这些结果寄给了这个男子，这个男子得了致命的疾病。同时，该男子的公司为确保他使用 E-mail 是为了工作，而监督了他的 E-mail。技术官员读了这个男子的 E-mail 并将这个男子的病情泄露给同事，人力资源部门也被牵扯进去。首席执行官被叫去应付涉及金额巨大的法律诉讼，因为有可能出现医疗保险公司发现了这个男子的问题而考虑给他退保。这个男子有了大麻烦，他的公司也有了大麻烦。① 很多企业主管认为雇员在上班时可能会使用 E-mail 与企业的竞争对手有不正当的联系，或者雇员有可能进行其他不法行为，或者雇员可能会通过网络发送私人的信息或者企业的信息等，既然技术已经把负担转嫁给企业，企业就必须对雇员工作的场所进行监视和监督。许多事实都在验证，互联网已经给企业带来了巨大的风险、伦理以及法律问题，其中企业在这方面应承担的社会责任问题也越来越受到人们的重视。

2. 对使用 MSN 网上聊天的监督

2005 年 12 月 7 日，在上海某国际银行写字楼上班的莉莎收拾好办公桌，拿起辞职信，毫不迟疑地走进人力资源部，辞去这份月薪 3 万元的工作，起因就是与银行之间进行的一场 "MSN自由通话保卫战"。银行技术部门一直在严密监视着每个员工的MSN 通话记录，2005 年 9 月的某一日，莉莎及其男友在网上的聊天记录被该部门的工作人员看到，之后工作人员将这些隐私内

---

① 引自［美］阿奇 B. 卡罗尔、安 K. 巴克霍尔茨《企业与社会伦理与利益相关者管理》，黄煜平、朱中彬等译，机械工业出版社 2004 年版，第 165 页。

容告知其他同事，并迅速在银行内部传播开来。事后，莉莎得知因自己的 MSN 被技术部监控才导致自己的隐私成为别人茶余饭后的谈资，而公司有关主管对这一切却无动于衷，甚至理直气壮，莉莎为维护自己的尊严，她最终决定辞去职务。[①] 发生这一事件后，不少员工提出质疑，员工究竟还有多少秘密在企业的监控之下？企业究竟有没有权力对员工的网上聊天内容进行监控？行内人士更是曝光，何止是聊天，员工收发邮件、访问网页以及使用搜索，很多技术手段都可以监控到，互联网上哪有什么隐私可言？据了解，对技术保密要求较高的企业（例如电信、IT 以及银行等企业）禁止安装聊天软件。还有一些企业的研发中心，一切聊天工具，像 MSN、QQ 的端口都是被封掉的。企业这样做，首先主要是担心员工通过 MSN 或 QQ 泄露企业机密。因为聊天软件的方便快捷性，即便是容量很大的文件，瞬间就可传送出去。其次是担心员工在工作时聊天影响工作效率，他们认为 MSN 和 QQ 是办公效率的最大杀手。问题是企业是否有权力对员工的个人信息进行监控，如何保障企业能合法地使用监控到的个人信息资料，一旦出现纠纷该如何解决，员工该如何进行权利的救济。

3. 对使用手机的监督

在工作场所中，雇员在使用 E-mail、MSN 以及 QQ 等技术上会与企业之间产生一些法律和伦理问题，同样雇员在手机的使用上也有可能会产生这些问题。对许多人而言，使用手机是个人问题，许多人似乎都不想作出任何的改变。由于公司要

① 资料来源：http://scitech.people.com.cn/GB/53754/3925320.html。

求它的员工必须使用 GPS 定位手机，而使得使用手机这一简单问题超出了企业经营和管理的范围，演变成一个伦理和法律问题。李富世原是郑州山盟乳业的销售部经理，2006 年 10 月郑州山盟乳业领导为便于公司管理，要求所有销售人员购买 GPS 定位手机，但遭到员工拒绝，员工们认为这是对他们人格尊严的侮辱。后来郑州山盟乳业给 20 多名销售人员每人配发了一个 GPS 定位手机，并扣了每人 500 元保证金，强制销售人员使用。郑州山盟乳业领导只要在安装定位系统的电脑里输入员工的手机号码，就可对员工进行定位跟踪，员工携带的手机里便会传出"咯咯"的母鸡下蛋声，几秒钟后员工的所在位置和行动路线就会反馈到公司，定位系统可显示员工在哪条路哪栋建筑附近，误差很小。李富世因忍受不了公司对自己的时时监控，所以他提出了抗议，并要求公司尊重员工的合法权益和人格尊严，合理合法地做事。李富世的这一举动被公司认为是"严重妨碍了公司的正常工作秩序，影响极坏"，因此公司决定对李富世停职检查，并不计发工资。此后，李富世向法院提起诉讼。① 这一案例由企业使用新技术所引发，企业对这种新技术的使用应该进行高度关注和合理地使用。目前针对这种情况没有相关的法律进行明确的规定，而事实上法律也不可能事无巨细地对此加以规定。很明显，高科技的工具已经扩展到工作

---

① 李富世状告郑州光明山盟乳业有限公司，诉讼称该公司侵犯了其休息权、隐私权等人格权利。2007 年 12 月 19 日，郑州市中原区人民法院判决驳回李富世的诉讼请求。虽然豫首例手机定位案宣判员工败诉公司不侵权，但是从社会效果来看，这个案件产生了积极的影响。通过这个案件，更多的企业可能会反省自己的管理方式是否侵权，而员工也会增强维权意识。

场所以外的生活和学习的方方面面，有些企业却把这些新技术当作无时无刻监视雇员的新工具。当雇员在使用这些技术时，有可能会变得烦躁、有压力甚至产生抵触情绪，使企业与雇员之间的关系变得紧张起来。不仅如此，企业与雇员之间的法律问题也会凸显出来。无论是现在还是未来，在工作场所中，技术的应用对企业提出了更多的要求和责任。对此，企业不仅要加强社会责任的承担，更应该增强自身的伦理意识。

（二）企业应重视信息的安全法律问题

电子商务（electronic commerce）经常被称为 e－commerce 或者 e－business 或是基于网络的营销是我们这个时代最重要的技术现象之一。① 由于 Internet 的迅速流行，电子商务引起了人们的广泛关注，被公认为是未来 IT 业最有发展潜力的新的增长点。然而，在开放的网络空间中进行交易，如何保证传输数据的安全性就成为电子商务能够在多大范围内普及的重要的影响因素。在所有的交易中，正是由于资料可以用电子的形式很容易地得到存储和传播，使得侵犯隐私权成为普遍受关注的问题。某一调查公司曾对电子商务的应用前景进行过在线调查，数据显示当消费者被问到为什么不愿意在线购买产品时，绝大多数消费者担心遭到黑客的侵袭而导致自己信用卡或者银行卡信息的丢失。因此，有一部分人因担心网络安全问题而不愿使用电子商务，安全问题也成为电子商务发展中最大的障碍。

通过网络进行交易由此产生的一个重大问题是可能会侵犯消

---

① ［美］阿奇 B. 卡罗尔、安 K. 巴克霍尔茨：《企业与社会伦理与利益相关者管理》，黄煜平、朱中彬等译，机械工业出版社 2004 年版，第 161 页。

费者的隐私。消费者对此问题非常关心，他们认为网上交易方式有如下的危害行为：身份被别人盗窃，有人也许会使用网络盗窃你的身份信息；无意透露个人信息，当你在网上遨游时，你也许无意中透露了个人信息；个人信息被盗，你提供给某一个网站的信息也许被该网站出售或者被他人盗取；假网站的存在，你向一家网站提供了你的信用卡号码和个人信息，而这家网站可能是一个假网站，它就会顺利地窃取你的信用卡和个人信息；虚拟的谈话者，网路上虚拟的谈话者也许会对你进行骚扰；成为雇主或者配偶侦探活动的受害者，你的雇主或者你的配偶也许会通过网络对你进行侦探活动；或者成为陌生人侦探活动的受害者，有些你不认识的人也许通过网络对你进行侦探活动（例如黑客、"人肉搜索"等）。

企业侵犯消费者隐私的一些技术方法还包括使用 Cookie[①]和垃圾邮件等。Cookie 是网站在我们个人电脑的硬盘驱动器上放置的那些小的识别标签，所以当访问者下次访问他们的网站时，他们能够识别出重复的访问者。很多用户不知道 Cookie 是什么，有些用户知道它，但没有花时间去封锁它，有些人不知道它是什么，更谈不上怎么设置他们的浏览器来封锁 Cookie。有些用户打开邮箱时就能发现成打的垃圾广告或者其他邮件，这些都是侵犯人们隐私的一种行为。

对个人隐私侵犯最严重的电子商务问题可能是企业对个人信息的收集和使用。我们没有人真正知道在电子商务中，公司到底

---

① Cookie 是当你访问某一网站时，随某个 HTML 网页发送到你的浏览器中的一小段文字、图片或者视频等。

收集、储存、交换或出售了多少个人信息。成千的零售商，从百货商店到直销公司，通过询问消费者来收集其姓名、地址、家庭收入等。零售商还交换、共享甚至把消费者的资料卖给其他公司。简而言之，一旦消费者个人的资料被这些公司收集，普通消费者几乎不能知道或者控制公司拿这些资料干什么。特别让人关心的问题是，消费者个人账号的安全性问题，以及个人信息泄露带来的推销的泛滥（网上的和网下的）等，这些都是扩散消费者信息所导致的结果。

三　信息技术法制环境下企业承担社会责任的举措

信息技术法制环境对企业承担社会责任提出了许多新要求，企业为更好地应对这种新要求应及时采取有效措施加强对利益相关者权益的保护。

（一）加强隐私权保护

企业加强对利益相关者隐私权的保护措施主要有：第一，设计隐私权保护规则。企业应该认识到，在信息技术领域企业的许多行为都涉及伦理和法律问题，因此企业应尽责地以道德的、合法的方式对待雇员、消费者等利益相关者。例如，在电子商务中，企业应积极主动地采取有效措施以应对信息技术法制环境对其提出的新要求和新期待。企业可以通过精心设计的隐私权保护规则，保护消费者的合法权益。当某一家企业决定与第三方基于经营和合作的目的而共享非公开的个人信息资料之前，应必须得到消费者的明确同意即"消费者同意加入的规则"。通过这种隐私权保护的规则，可以更好地保护消费者权益，减少纠纷的产生。第二，成立专门的隐私保护部门。企业在保护隐私方面还有一个比较可行和有效的办法，即成立专门的隐私保护部门，并设立专门隐私官。美国运通公司、索尼公司、花旗集团和 IBM 等公司都已经任命了专门的隐私官。专门隐私官的主要责任在于确保和避免公司卷入到与隐私有关的诉讼中去。他们的主要职责包括制定相关的规则帮助企业避免遭到利益相关者的起诉，制定处理和解决利益相关者投诉的办法以及对企业侵犯利益相关者隐私行为和做法的风险进行评估等。专门隐私官肩负的责任重大，很多企业专门隐私官已经加入到管理者的行列，为企业的经营和社会责任的承担出谋划策。

（二）加强消费者保护

电子商务交易具有主体虚拟化、交易过程无纸化、支付手段电子化、交易空间泛地域化等特点，这些特点使得企业与消费者之间的力量对比更加悬殊。消费者经常遭遇网络消费欺诈、网络虚假广告、网络支付不安全、损害赔偿难以实现等侵犯其合法权益的问题。由于电子商务的特殊性，网上侵权行为类型复杂、隐蔽性强、监管难度大，这就给消费者权益的保护工作带来了许多前所未有的新问题。消费者作为电子商务的主要参与者，其合法权益的保护显得尤为重要。电子商务的快速发展对消费者的保护提出了更高的要求，经济合作与发展组织指出全球性的网络环境对每一个国家或其法律制度解决电子商务中消费者保护问题的能力提出了挑战。① 在电子商务交易中，企业具有强大的优势，为保障消费者的安全保障权、知情权、公平交易权等权利，企业应当主动向消费者披露真实的、完全的交易信息，向消费者提供清

---

① 参见经济合作与发展组织制定的《关于电子商务中消费者保护指南的建议》。

晰的、全面的交易条件等，切实保护消费者的合法权益不受侵害。企业对在电子商务交易中以收集、存储等方式获取的消费者信息，应当加以合法、合理的处分和使用，进而以负责任的态度保护消费者权益，善尽企业的社会责任。

（三）增强信息技术伦理意识

企业伦理在信息技术领域发展最为迅速。信息技术的广泛应用，频繁地影响着每个人的工作、生活和学习领域，还有其他一些与此相关的问题都构成了对企业伦理的新挑战。企业在这种技术的潮流中承载着来自社会的更多的新期待和新要求，并且信息技术的广泛应用还带来了许多与企业有关的社会责任问题。为了有效促进企业承担信息技术领域的社会责任，美国的一些机构专门制定了企业应遵守的伦理规范。例如，美国市场营销协会认为它们成员的职业行为应该更符合伦理，该协会成员因此联合签署了包含以下内容的伦理规范。第一，市场营销人员必须承担责任，即对自己行为的后果负责，同时努力确保其决策、建议和行动有利于识别、服务和满足所有相关的群体，例如客户、组织和社会等。第二，诚实和公平，市场营销人员应该支持促进市场营销职业所应具有的公正、信誉与尊严等。第三，规定协会成员的义务，市场交易过程中的参与者所期望的是，产品和服务的提供都是安全的，并且符合他们预期的目的；关于所提供的产品和服务的信息不带欺骗性；所有的参与者都真诚地履行财务或其他方面的义务；有适当的内部原则，可以用以调节和弥补交易过程中产生的不满情绪。第四，明确营销人员与企业组织的关系，市场营销人员应该明白其行为会影响组织中其他人的行为。因此在与别人相处时，不应该要求、鼓励或使用强制力进行所谓的不合伦理的行为。[①] 美国计算机协会也出台了有关伦理和专业行为规范。这些规范包括由个人责任的声明等在内的 24 项规则，同时确认了个人承诺的各项要素。这些规范和执行条例是专业工作行为中伦理决策的过程，同时也是对违反专业伦理标准行为表示不满的是非判断的根据。[②] 美国计算机协会成员的一般规则包括有益于社会和人类，避免伤害别人，诚实和可信，公平和非歧视，尊重财产权包括版权和专利权，尊重知识产权，尊重别人的隐私。成员是否遵从伦理规范是高度自愿性的，但是如果成员违反规则从事明显的不正当行为，那么他的会员资格将会被终止。上述例子都是国外企业有关信息技术伦理方面的有益尝试，对我国企业承担社会责任有着重要的借鉴意义。企业可以从以下几个方面创建符合自身特色的行为规范：发展并应用组织的政策和规章，切实保证其符合电子商务交易的道德原则；进行雇员培训，确保他们遵守组织规章政策，坚持电子商务交易的道德原则；建立内部审核系统，以保证企业和雇员按照既定程序而处在有效的掌控之中，并及时发现可能发生的违法行为，等等。

信息技术领域的变化和发展日新月异，企业和社会在享用先进技术带来的创新性成果的同时，也面临着这些先进技术所带来的许多伦理和法律问题。技术的飞速发展，使得有关企业承担社会责任的法律法规明显滞后，而法律法规的修改和完善需要一段

---

① 引自 [美] 詹姆斯·E. 波斯特、安妮·T. 劳伦斯、詹姆斯·韦伯《企业与社会：公司战略、公共政策与伦理》，张志强、王春香等译，中国人民大学出版社 2005 年版，第 109—110 页。

② 同上书，第 111 页。

时日，此时企业就被赋予了更多的责任和使命。企业在信息技术领域加强自身与消费者、雇员等利益相关者有关的社会责任的承担不仅能有效地解决法律滞后性带来的不利后果，而且还能有效地保护消费者、雇员等利益相关者的合法权益。因此在信息技术领域，企业社会责任的承担问题不容忽视。

第三节 生物技术法制与企业社会责任

20世纪的信息技术革命正在与21世纪的生物技术革命融合在一起，有学者将21世纪称为"生物世纪"。[①] 这场生物技术革命的根源在于1953年詹姆斯·沃特森不假思索地告诉弗朗西斯·克瑞克：4种核酸成对可以形成一个DNA分子的自我复制密码。在我们的DNA分子当中，由30亿化学物质成对组成10万个基因。现在，我们正处于最重要的突破当中——解开人类基因的疑团。[②] 事实上，生命科学的显著进步和发展强化了生物技术对我们的生活、文化、法律等领域的影响。生物技术方面的科学突破，在20世纪90年代末期开始动摇我们这个社会的行为规范，也必将在21世纪中持续不断地给我们带来种种叹为观止的新发现。这些史无前例的新发明将为农业发展、医疗保健等提供新的改进方法，同时也给我们的企业和社会带来了诸多问题。

---

① Walter Isaacson, "The Biotech Century", January 11, 1999, 42—43.
② [美] 阿奇 B. 卡罗尔、安 K. 巴克霍尔茨：《企业与社会伦理与利益相关者管理》，黄煜平、朱中彬等译，机械工业出版社2004年版，第167页。

一 生物技术

Celera 基因工作小组在 2000 年宣称，他们已经成功地完成了人类基因组第一序列的排序任务——该项工作被视为继人类登陆月球后最伟大的科学突破。每个人的脱氧核糖核苷酸排列次序，即 DNA 序列，都是由位于人体细胞核内的 23 对染色体按不同顺序排列而成的，因而其形态具有唯一性。这些序列是由 4 种化学物质（也可称为"字节"）构成的，它们在排列时无穷的反复使得化学序列也千变万化。由它们复制的总计 30 亿个字节继而组成了一个单词"基因"，它是人类属性的唯一标识，而正是这种基因引导细胞合成了维系人类生命活动所需的各种蛋白质。在人类 DNA 结构第一序列的破译工作完成后，识别人类成百上千个基因的速度将明显加快。人类基因的识别工作有着非常重大的意义，它将帮助我们及早地诊断出威胁人类生命的疾病，或是找到预防疾病的新方法，并且根据每个人独特的基因形态并发出相应的药物疗法。人类基因组的破译工作似乎开启了一个新的医学时代，这对生物技术公司而言意味着巨大的商机。然而，人类在了解 DNA 结构方面虽然取得了被世人称为"人类最伟大成就"的进步，最终却可能因为对基因研究的过分关注，而触发私人或者公共研究领域涉及伦理、道德和法律问题的新一轮挑战。一方面，生物技术革命在医学进步、延长人类寿命及增进人类健康方面向我们做出了承诺；另一方面，它带来了我们没有预料到的伦理和法律问题。受巨大潜在利益的刺激，生物技术革命像蒸汽压路机那样向我们驶来，可能压碎道路上的一切，包括道德限制。我们也许还处于生物技术革命的早期，不了解情况到底会向哪个方面发展，然而，现在最重要的一个问题即是如何在技术带来的不利后果和技术带来的社会利益之间进行平衡。基因序列和遗传学的研究工作，较之它所带来的风险和伤害，是否具有压倒性的进步意义——这一争论在今后的若干年里必将继续下去。不管怎样，可以肯定的是，我们对于人类肢体及其构造的科学理解已经发生了变化，技术创新的显著性也开始浮出水面。只是我们仍不清楚，到底有没有人懂得如何控制利用这些变革，到底有没有相关的法律去制约这些创新，让它们最终能够造福于我们的社会，提高我们的生活质量，而避免法律纠纷的产生和道德伦理的沦丧。

在实践中，有些生物技术公司已经采用生物伦理的观念来指导它们的决策和行动。然而问题又随之产生，这些生物技术公司是否真的制定了相关的生物伦理规则并遵照执行，或者这些生物技术公司为了应付社会舆论等的影响，出于公关的目的而暂时应用生物伦理。为消除社会和利益相关者的疑虑和困惑，很多企业采用了设立生物伦理顾问委员会的做法，以专门的委员会的形式及时反馈社会和利益相关者的意见和建议，从而做出进一步的行动以符合社会、道德、法律的要求和期待。无论是生物技术公司在生物伦理决策制定上的努力，还是在成立专门生物伦理委员会上做出的努力，这些对企业而言还是不够的。企业的主要任务还在于在生物技术领域承担起对利益相关者的社会责任，而这一社会责任的承担更需要以法律法规的形式加以明确规定，使得企业社会责任的承担有法可依、有章可循。

　　根据生物技术与企业社会责任的密切程度，本文对基因工程和转基因食品这两个生物技术领域的相关问题进行考察。

二　企业社会责任与基因工程法制问题

　　关于基因工程有两个主要的领域应引起我们的关注，一个是胚胎干细胞研究的法律问题，另一个是克隆的法律问题。这两个领域都对企业社会责任提出了巨大的挑战。

（一）胚胎干细胞研究对传统法律的挑战

　　作为构成其他所有细胞的基本建筑材料，胚胎干细胞在 1998 年由威斯康星大学的科学家分离出来。胚胎干细胞是构造人体的原始材料。自从胚胎干细胞分离出来以后，关于胚胎干细胞的研究在世界各地激增。干细胞来源于胚胎，胚胎的获得有三种方式即冷冻胚胎、新鲜胚胎或者克隆胚胎。备用的冷冻胚胎大多来自于产科医院，由不孕的夫妇所捐献，后来这些人不需要再利用这些胚胎进行怀孕，因此这些胚胎被捐献了出来。新鲜胚胎主要是在产科医院特别为研究的目的而制作的。当然，现在还能通过对人体细胞进行克隆的方式制作胚胎。干细胞的价值是它对治疗某些疾病有很大的帮助，例如癌症、早老性痴呆、帕金森症和青少年糖尿病等，而且干细胞还可以制作一些组织，例如神经细胞、骨细胞和肌肉细胞，用于病人的器官移植等。干细胞的研究还运用于其他方面，例如在特定形状的多孔可渗水材料中插入骨骼生长因子或干细胞，以期培育出新的下腭或手臂；利用基因技术合成的蛋白质成功地促进血管再生，并使之具有修复或置换心脏瓣膜、动脉、静脉血管的功能；人的耳朵也可以在老鼠身上生长；牙齿珐琅质的母体蛋白被用来给狗补牙，一旦动物实验被证明成功后，人体实验也将有计划地展开，等等。[①] 这些技术已经成为一个深受争议的话题，一旦关于干细胞研究的争议明朗化，企业出于经济目的的考虑将即刻准备进行干细胞的研究。企业的行为越来越向我们表明，企业已经将干细胞研究当成一种商业开发的新形式，企业将会从中受益。干细胞的研究已经不再仅是一个伦理、道德方面的问题，更是一个法律方面的问题；干细胞的研究不再只是一个社会关注的话题，更是一个与企业密切相关的话题。企业在干细胞的研究过程中或多或少起了推动和促进的作用，或者是主要的作用，为应对这个过程中产生的社会问题，不仅需要企业积极地承担起应尽的社会责任，更需要以完善相关法律法规的形式加以规制。

（二）克隆技术对传统法律的挑战

很多人认为，克隆人类是一个遥远的项目，然而，根据报道，美国人已经开始排队把他们死去的爱人的 DNA 冷冻起来，包括冷冻宠物和赛马的 DNA。好几家不同的团体已经声称，他们正在试图克隆人类。加拿大的科学家雷利安斯，正试图在美国的一个秘密地点"重新制造"一个死去的孩子。[②] 1986 年，丹麦的科学家首次宣布成功地克隆出一只羊后不久，威斯康星大学的科学家成功地克隆出了牛。1996 年，苏格兰 Roslin 研究所宣称，它们利用胎盘细胞成功地克隆出了健康的小牛。1997 年的另一个重大突破是，Roslin 研究所的伊恩·威尔姆特教授向外界披露

[①] Sheryl Gay Stolbeg, "Company Using Cloning to Yield Stem Cells", *The New York Times*, July 13, 2001.

[②] "Special: America's Next Ethical War", *Far East Economic Review* (March 22, 2001), 40—41.

了多利羊。多利羊是第一个由成熟细胞克隆出来的哺乳动物。一年后，马萨诸塞州立大学报道说他们发现了克隆牛的新方法，并称采用他们这种新方法进行克隆的过程将比威尔姆特教授的方法更加简单易行。[①] 克隆技术发展中的另一个重要进步诞生于韩国[②]，1998 年末研究人员利用一位 30 岁妇女的体细胞成功地克隆出胚胎，这个实验使我们离克隆人的技术更近了一步，也使这种可能性变得更真实了。

实际上，当第一个成功的克隆实验公之于众后不久，社会恐慌就随之而来。克隆是不是另一个版本的侏罗纪公园，恐龙随意地在市中心奔跑；出于某些原因，多克隆几个阿道夫·希特勒等。1997 年，当多利羊出现在克隆舞台上时，还没有相关的法律对科学家克隆人类的行为进行约束，也没有任何其他的约束和防范措施。专家们很快认识到苏格兰克隆羊的技术非常简单，而且并没有用到什么高科技仪器，因此但凡有个几百几千美元经费预算的生物实验室，都有可能参与到其中去。在没有政府管制的情况下，这种轻而易举的可能性很快给社会和公众带来了前所未有的恐慌；在没有法律规制的情况下，这种轻而易举的可能性也给技术法制环境带来了前所未有的冲击和挑战。在克隆问题上，一直存在支持和反对两种争议，目前反对的呼声明显占据了上

---

① ［美］詹姆斯·E. 波斯特、安妮·T. 劳伦斯、詹姆斯·韦伯：《企业与社会：公司战略、公共政策与伦理》，张志强、王春香等译，中国人民大学出版社 2005 年版，第 193 页。

② 韩国首尔大学调查委员会 2006 年 1 月 10 日公布了对黄禹锡造假事件的最终调查结果。调查委员会认定，黄禹锡研究小组 2004 年和 2005 年发表在美国《科学》杂志上的有关培育出胚胎干细胞的数据属伪造，黄所谓的"独创的核心技术"无法得到认证。黄禹锡事件尘埃落定，神话破灭。

风。世界上有 22 个国家和美国的 4 个州已经宣布克隆人是非法的。在日本，禁止克隆人的法律已经在 2001 年 6 月生效。[①] 当生物技术从简简单单的治疗疾病迈向增加个人的基因优势时，一些问题也随之产生了。克隆的意义增强了这样一种可能性即加强某一群体的基因从而产生一个基因强人的群体，以统治那些更穷、更弱的自然人群体。这种可能出现的问题或许对企业而言更具有伦理的意义。我国尚未制定有关克隆方面的法律法规，也未对企业在这方面的责任作出明确的规定，因此相关法律的制定应尽早提到议事日程。

（三）企业承担社会责任的新挑战

企业在基因工程的运作和研发中占据主导性的地位，这种地位也促使其承载着更多的期许和责任。企业社会责任的内涵随着技术的突飞猛进而被赋予了更多与利益相关者有关的内容，因此，企业不仅要承担起与保护环境、保护劳工权益等方面的社会责任，更应承担起与利益相关者有关的技术方面的社会责任。技术的日新月异不仅对社会的发展和进步产生了重要的影响，也对企业的发展和壮大起着重要的作用，在这个过程中，企业被赋予了更多的责任和要求。企业承担起应尽的社会责任不仅有助于促进社会的和谐发展，而且也有助于促进企业自身的和谐发展。

三　企业社会责任与转基因食品法制问题

遗传学、生物学取得的技术进步带来了史无前例的诸多创

[①] Charles Bickerman, "After Darwin, Ethics Again", *Far East Economic Review* (March 22, 2001), 40—41.

新，也带来了史无前例的法律问题。基因工程学通过改变一个现存生物有机体的天然结构，使科学家最终能够将选定的基因嵌入植物体内，并培育出一种新型作物或一个全新的品种。经过基因改造的鲑鱼和鳟鱼，生长速度达到以前的两倍。黄豆、棉花和其他农作物在基因改良后也具有了更强抵御病虫害的能力，并且不再受除草剂影响。有些改良品种还可以派生出更多的营养价值，例如牛、绵羊和山羊经过特殊处理，可以从它们的奶中提取出药物。① 我们正在被这个生物世纪震撼着。

（一）转基因食品的安全法律问题

对企业而言，另一类具有重要伦理和法律意义的生物技术问题是转基因食品。转基因食品，通常被称为基因工程食品（Genetically Engineered Foods，GEF）。目前，对于转基因技术及其产品引发的生物安全法律问题，国际上有以下两种观点，一为危害说，二为安全说。② 目前，一部分人赞成使用转基因食品，还有一部分人害怕转基因食品，还有相当一部分消费者干脆对转基因食品就没有足够的了解。当前，更多的人关心转基因食品或基因农业工程的配方食品对人是否有害，是否应该对这些食品进行更严格的管理和法律控制。有一案例曾引起美国的公众对转基因食品的关注。2000 年 9 月，一个环保主义者、消费者联盟和转基因食品预警联盟指控塔克贝尔公司出售的玉米卷中使用 Starlikn 转基因玉米。这种 Starlikn 转基因玉米美国联邦药品与食品检验局只同意将其用于动物食品，而未允许将其应用于人类食

---

① "虹鳟鱼有望成为药用人类蛋白质工厂"，中国公众科技网（http：//news. cpst. net. cn/2006＿05/1147338823. html）。

② 史晓丽：《转基因技术及产品的法律管制》，《比较法研究》2003 年第 4 期。

品。在塔克贝尔炸玉米卷的外壳中发现的这种 Starlikn 转基因玉米是一种能够抵抗虫害的基因产品。它含有一种异域的蛋白质，对人可能是安全的，但是它也含有一些能够引起人体变异的化学物质，这种物质会让人产生轻度的过敏反应，甚至让人产生致命的休克。[①] 但是迄今为止，在科学上还没有证实转基因生物对消费者的健康有明显的危害。在澳大利亚，尽管法律对转基因食品的分销实施了控制，仍有 61% 的普通民众表示他们愿意尝试一下这样的食品，但还有 89% 的人表示希望这种食品能够贴上标签。在我国，基因研究被视为科学研究的头等大事，政府为转基因粮食作物和蔬菜的研发拨款数亿美元。预计在未来的 5—10 年内，我国一半以上的土地都将种下转基因的大米、土豆或其他作物。据新华社报道，我国的农业生物技术项目已聘用 2000 名科学家，这些科学家分布于 200 家政府资助的实验室，并且在我国约 680 万农民正在种植生物技术农作物。转基因这种曾经备受质疑的、现在仍然争议不断的技术，将无可避免地进入我们的生活。

　　国际上对转基因生物安全法律问题的规定主要有《生物多样性公约》和《生物安全议定书》，我国有关转基因产品与生物安全的法律制度主要有《基因工程产品质量控制标准》、《基因工程安全管理办法》以及《农业转基因生物安全评价管理办法》等。[②] 这些国际和国内的法律、公约等对转基因工程的安全法律问题进行了较为完善的规定，但是随着转基因技术的飞速发展，

---

　　① ［美］阿奇 B. 卡罗尔、安 K. 巴克霍尔茨：《企业与社会伦理与利益相关者管理》，黄煜平、朱中彬等译，机械工业出版社 2004 年版，第 422 页。
　　② 史晓丽：《转基因技术及产品的法律管制》，《比较法研究》2003 年第 4 期。

新问题也随之层出不穷，企业在这方面承担的责任也为人们所更加关注。

（二）转基因食品的商标法律问题

关于转基因食品，经常引起争议的一个问题是转基因食品的商标法律问题。很多消费者保护人士认为，含有基因工程的食品至少应该贴上商标，使得消费者在进行消费时有选择和知情的权利。例如，美国消费者联合会公布了一项报告，建议对转基因食品实行强制性的商标政策，还提出了加强对美国生物技术食品进行管理的其他办法。2001 年，美国食品和药品管理局要求在新转基因产品投放市场以前，生物科技公司要和联邦管理者就转基因食品的成分、副作用等进行面谈，但是他们并没有要求对这些产品贴上特殊的商标。为此，美国食品和药品管理局正在制定新的政策，努力让消费者对转基因食品的安全性放心。美国食品和药品管理局计划对企业进行指导，使企业以自愿的方式对转基因食品贴上商标。[①] 强制性商标的支持者认为，消费者有权了解产品的成分、副作用等信息，并且消费安全权利组织等也声称，他们有权知道这些信息。反对对转基因产品进行强制性商标的人认为，一旦贴上了商标，就等于是在告诉消费者这款产品是有缺陷的。例如在巴西，它们强制性地给产品贴上了商标，这无疑是对生物技术的扼杀。他们指出没有证据证明转基因产品对健康有任何危险，要求对转基因产品贴上商标的做法对这类食品而言是一种刁难，而且这种方式还有可能产生本来不存在的食品法律问

---

① 引自〔美〕詹姆斯·E. 波斯特、安妮·T. 劳伦斯、詹姆斯·韦伯《企业与社会：公司战略、公共政策与伦理》，张志强、王春香等译，中国人民大学出版社2005 年版，第 197 页。

题。实际上，消费者有权利知道自己购买和食用的食品是否属于转基因食品，企业应提供这方面的便利为转基因食品贴上商标进而保护消费者的知情权。企业在转基因食品上贴上商标的行为不仅是对消费者权利进行保护的一种表现形式，也是企业承担社会责任的一种表现形式。企业在这方面的社会责任的承担还有待加强。

（三）企业社会责任的又一新挑战

与转基因食品相关的安全问题、商标问题和其他一些法律问题不可能在近期消失，在这场争议中，关于转基因食品存在的问题企业和利益相关者团体都在积极地寻找证据和理由以支持他们各自的观点。农产品行业、企业等团体继续认为转基因食品是安全的、符合法律规定的，对于转基因食品进行强制性的测试和贴上商标是没有必要的。然而，消费者保护组织等则认为对转基因食品进行强制性的测试和贴上商标是必要的，是企业的一种社会责任，是对社会权利的一种保护。可以肯定的是，所有的利益相关者都有可能受到这场争论结果的影响，所以这场争论仍旧继续愈演愈烈。有关基因工程、克隆、转基因食品等引起的争议触发了严重的企业伦理和社会法律问题。这些问题都根植或来源于技术的进步。企业在技术的发展过程中，到底扮演了怎样的一种责任角色？这一问题不仅现实地产生了而且应该得到解决，因为新一轮的技术创新似乎已经开始上路了。新技术环境不仅对传统的法律提出了巨大的挑战，也对企业承担社会责任问题提出了巨大的考验。技术的发展和进步将促进相关法律法规的完善，而相关法律法规的完善也将促使企业承担起更多的社会责任。

第六章 我国企业社会责任的完善建议

　　随着改革开放的不断深化，以人为本、构建和谐社会、坚持科学的发展观、追求可持续的发展理念深入人心，企业社会责任运动在我国也逐步开展起来。虽然我国企业社会责任法律制度还处于比较滞后的状态，企业社会责任法律制度尚待完善，但毕竟是有，而不是空白。我们必须清醒地认识到，《公司法》中规定的企业社会责任，仅仅是法定的企业社会责任的一部分，如何将《公司法》第五条的立法精神具体化，赋予其确切的可操作的内容，并通过一系列具体法律制度的设计使企业社会责任在实践中得以贯彻和落实，仍然是企业社会责任法制建设面临的难题。目前，我们要充分挖掘现行法律体系中的企业社会责任法律资源，对现行法律体系中与企业社会责任有关的法律规范进行整合，充分认识到其中的不足，进而从不同法制层面构建企业社会责任的落实机制和监督机制，使分散于诸多法律法规中的企业社会责任的相关规范，形成关于规范企业社会责任的有机整体。笔者认为通过建构一个以公司法为核心，企业社会责任专章为主干，其他相关法律相互配合的、综合的、全面的、有实效的企业社会责任法律体系，将逐步改观我国企业社会责任现状，为建设社会主义和谐社会做出应有的贡献。

第一节　国外企业社会责任的立法实践及启示

企业社会责任观念发源于西方发达国家，这些国家也在企业社会责任方面有着较为成熟的立法实践。

一　国外企业社会责任的立法实践

（一）美国企业社会责任的立法实践

20 世纪 30 年代开始，支持和鼓励企业承担社会责任的美国制定法不断增加。这首先表现在公司所得税立法方面。1921 年《税法》（the Revenue Act）规定实施慈善捐赠的个人纳税者可享受扣减所得税的待遇，但对作为纳税者的公司并未有类似的优惠规定。然而，嗣后依 1921 年《税法》制定的《国库条例》（Treasury Regulation），则将公司慈善捐赠作为《国内税收法典》（the Internal Revenue Code）第 162（a）条款中所谓"正常的和必要的"（Ordinary and Necessary）营业支出而准予扣减所得税，只要捐赠乃是为了实现与公司营业有关的目标且向社会公共机构作出；或者是为了雇员的利益；或者是建立在一项可对公司产生直接收益的合理预期的基础上。1936 年，美国国会修订《国内税收法典》，明确规定公司慈善、科学、教育等方面的捐赠可予以扣减所得税，扣减额最高可达公司应税收入的 5%。

除了公司所得税立法外，得克萨斯州早在 1917 年就在其公司法中赋予公司进行慈善捐赠的权利；此后，美国其他各州纷纷仿效。此外，美国律师协会（American Bar Association，ABA）在 1969 年修改《示范商事公司法》时，也对公司捐赠做了授权性规定，即公司有权为公共福利或慈善的、科学或教育的目的而捐赠。

美国鼓励和支持企业承担社会责任立法运动在 20 世纪 80 年代和 90 年代达到高潮。为了缓减基于"利润最大化原则"的公司"恶意收购"（hostile takeover）浪潮对非股东利益相关者利益的损害，20 世纪 80 年代，美国宾夕法尼亚州议会对公司法的修改，引发了公司法制度革命性的突破。宾夕法尼亚州于 1983 年率先修改公司法，允许公司董事对除股东之外更广泛的利益相关者负责。① 此后，许多州也相继仿效，以宾夕法尼亚州为代表的 35 个州制定了类似法律，这种考虑股东以外的人的利益的条款，在美国学界被称为"其他利害关系人条款"。这些法律主要可划分为授权型立法和强制型立法两种类型。授权型立法被大多数州所采纳，即修改后的公司法规定，管理者"得"（May）考虑非股东利益相关者的利益。例如《印第安纳州商事公司法》规定："公司董事得在考量公司之最佳利益时，考虑公司所采取之行为对公司的股东、员工、供货商、顾客以及公司办公处所或工厂所在之社区的影响。"这种条款突破了传统公司法"股权至上"的基本原则。强制型立法仅为康涅狄格州采用，其《普通公司法》第 33—313（e）条要求董事会既要考虑公司雇员、顾客、债权人、供应商、社区及社会性考虑的利益，也要考虑公司及其

---

① 刘俊海：《公司的社会责任》，法律出版社 1999 年版，第 59—63 页。

股东的长期和近期利益。① 不可否认，即使美国各州关于企业社会责任的相关法律规定在细节上稍有差异，但是其在企业社会责任实现的历史进程中有极其重大的历史意义。

　　美国在不断通过调整和修改公司法为企业承担社会责任创造良好基本制度环境的同时，也根据本国经济与社会发展状况，制定各种专项法律以强制企业承担不同性质的社会责任。第一，雇员权益保护法。20 世纪 30 年代以来，强制企业承担各种雇员责任的美国联邦立法运动先后形成了三次高潮。第一次高潮时期通过的代表性立法有《国家劳资关系法案》（1935）、《社会保障法案失业补偿条款》（1935）等。第二次高潮时期通过的代表性立法有《公民权利》（第 7 条）（1964）、《职业安全与卫生法案》（1970）、《雇员退休收入保障法案》（1974）等。第三次高潮时期通过的代表性立法有《雇员多项保护法案》（1988 年）、《家庭和医疗假期法案》（1993）等。第二，消费者权益保护法律法规。虽然美国消费者权益保护法律法规出现于 20 世纪初，但到 20 世纪 60 年代出现了立法的高潮。在消费者运动以及其他力量的推动下，一系列强制企业承担更多消费者责任的立法得以通过，例如《联邦危险品法》（1960）、《保护儿童和玩具安全法》（1969）等。进入 20 世纪 70 年代，这一时期通过的相关重要法律有《消费者保护信贷法》（1970）、《防毒标签法》（1970）、《马格纳森——莫斯担保法案》（1975）等。第三，环境保护法律法规。20 世纪 70 年代以来，美国国会通过了众多有关法案强制企业承担环境责任，其中代表性的立法有《国家环境政策法案》

---

① 刘俊海：《公司的社会责任》，法律出版社 1999 年版，第 63 页。

(1969)、《清洁空气法案》（1970，1977）、《紧急计划》（1983）、《民众知情权》（1986）等。①

（二）德国企业社会责任的立法实践

1919 年《魏玛宪法》被视为是德国有关企业社会责任的早期立法实践，其第 153 条规定企业出资者在享受权利的同时需顾及公共利益，这正好与企业社会责任的思想不谋而合。该法第 156 条有关工人参与公司决定的立法规定更直接体现了企业社会责任的理念。② 1937 年德国《股份公司法》中规定，董事必须追求股东的利益、公司雇员的利益和公共利益；1965 年的公司法虽然删去了这一规定，但在德国尊重雇员的利益和公共福利仍被视为是不言而喻的。③ 德国企业社会责任立法实践中影响最大，也是最成功的努力在于职工参与制度的构建。为了体现劳资双方的公平待遇，德国形成了市场经济国家唯一规定劳资双方等额或接近等额参与公司机关的立法体例，并以职工参与公司机关的全面性而著称于世。按照德国《公司法》的规定，公司实行双层制公司机关体系，即公司设立监事会和董事会，监事会负责任命董事会成员，并对董事会的活动进行监督；董事会则负责公司的经营管理活动。对于这两种公司机关，职工与股东原则上都有平等

---

① 唐更华：《企业社会责任发生机理研究》，湖南人民出版社 2008 年版，第 125—128 页。

② 1919 年《魏玛宪法》第 156 条规定：（1）工人和职员有权平等地与企业家共同决定工资和劳动条件，共同促进国民经济生产力的发展，承认劳资双方组织及其协定。（2）工人和职员在企业工人委员会，在按地区划分的区工人委员会以及在国家工人委员会中应拥有法定代表，并通过他们了解自身的社会经济利益。（3）为了完成总的经济任务和共同贯彻国有化法，区工人委员会和国家工人委员会同企业家代表及其他各界代表一起参加区经济委员会和国家经济委员会。

③ 张开平：《英美公司董事法律制度研究》，法律出版社 1998 年版，第 165 页。

的参与权。为了更好地实现这一目的，德国先后制定了《企业宪法》(1952 年)、《共同决定法》(1976 年) 等法律，① 规定煤炭、钢铁或者具备一定规模的公司，其监事会应由资方代表、劳方代表和"中立的"成员组成，公司的董事会中须有一名"工人委员"即劳方董事；在监事会中，劳资双方的代表名额应当相等。至于其他企业，则应按照接近等额的原则选任公司机关中的劳资双方代表。② 德国这种立法模式体现了对人力资本和作为企业非股东利益相关者的劳动者的尊重，与企业社会责任的要求是相符的，对其他国家有着重要的借鉴意义。

(三) 英国企业社会责任的立法实践

英国在通过成文法规定企业社会责任方面有一些零星规范，1985 年《英国公司法》第 35 条规定，公司享有实施附属于或者有助于其任何贸易或营业开展的所有行为的权力；第 309 条规定，董事会考虑的问题应包括公司全体职工的权益。《城市法典》总则中关于收购与兼并事项的第 9 条规定："在董事向股东提供建议时，董事应考虑股东的整体利益和公司雇员及债权人的利益。"③ 这些规定，为公司承担社会责任尤其是雇员的责任提供了最基本的依据。④ 1999 年英国法律规定，退休信托基金的管理机构在进行投资时，必须告诉投资者，当他们的基金在进行投资

---

① 师利娟：《论我国企业社会责任的立法完善》，《法制与社会》2006 年第 1 期。

② ［德］罗伯特·霍恩：《德国民商法导论》，楚建译，中国大百科全书出版社 1996 年版，第 305—306 页。

③ 《英国的企业社会责任运动》，（http://www.china.com.cn/zhuanti2005/txt/2005 - 08/03/content_5931268.htm)。

④ 陈淑妮：《企业社会责任与人力资源管理研究》，人民出版社 2007 年版，第 33 页。

时，对于社会责任的考量程度如何。该规定于 2000 年 7 月开始实行，到 10 月，已有约 60％的退休信托基金把社会责任投资的原则放在他们整个投资决策中的重要位置。[①] 这些规定，为企业承担社会责任尤其是对雇员的责任提供了最基本的法律依据。

（四）荷兰企业社会责任的立法实践

作为企业社会责任运动的重要组成部分，有关职工参与的立法活动在荷兰最早可以追溯到 1950 年颁布的《工厂委员会法》。依照该法，雇员在 100 人以上的公司可建立工人理事会。工人理事会由职工选举产生，代表公司职工参与公司的决策和管理，维护职工的合法权益。在此之前，公司的职工参与是建立在雇佣双方之间达成的协议基础之上的。[②] 荷兰职工参与作为一种模式而最终形成，则以 1971 年《结构法》的颁布为标志。[③] 与德国公司体制相类似，荷兰公司中也存在双重建构，但职工对公司的参与是间接的，监事会中并无职工或工会代表的位置，这一点有别于德国公司法。按照规定，荷兰职工参与主要通过工人理事会进行。工人理事会有权推荐监事的候选人，有权否决监事的任命，有权在任命董事会成员之前被事先征求意见。当监事会出现空缺时，由监事会的其他成员在由股东、经营者和工人理事会分别提名的候选人名单中选任，任何一方认为被最终选定的人员不合格，都可以行使否决权，否决的效力如何，由企

---

① 陈永正、贾星客、李极光：《企业社会责任的本质、形成条件及表现形式》，《云南师范大学学报》2005 年第 5 期。

② 苑鹏：《荷兰公司的雇员参与制及其启示》，《管理世界》1999 年第 1 期。

③ 刘俊海：《职工参与公司机关制度的比较研究》，载王保树主编《商事法论集》（第 3 卷），法律出版社 1998 年版，第 99 页。

业法庭作出终极裁决。监事会成员无论是由哪一方推荐，都不单纯代表任何一方。[①]

（五）欧共体（欧盟）关于企业社会责任的法律实践

1968 年，欧共体发布了公司法第 1 号指令，要求成员国对股东、债权人和其他利益相关者提供切实保护。考虑到各成员国在公司组织机构设置上，尤其是在对待职工参与问题上的差异，1972 年，欧共体拟订了《关于公司法的第 5 号指令草案》。该指令草案的指导思想是"股东利益不应再是企业家决策背后的唯一动因"。相反，公司的经营决策应当体现出股份有限公司对其构成要素（包括资本和劳动）乃至全社会所负的责任。[②] 为此，该指令草案提出了一套体现职工全面参与的双层制公司机关构造体系。但这一取向遭到了英国等英美法系国家的反对，[③] 为了调和英国与其他欧共体成员国在公司法观念与制度上的冲突，该指令草案进行了多次修正。经过修正后的指令草案为成员国提供了可供选择的两套不同的公司治理结构模式和多种职工参与模式。第一，公司治理机构模式包括双层制和单层制。依据双层制，公司机关由经营机关（通常为董事会）和监督机关（通常为监事会）组成。经营机关负责公司经营管理，但要接受监督机关监督，且经营机关的成员由监督机关任命。依据单层制，公司只设立经营机关，但其成员应由执行委员和非执行委员组成，其中执行委员负责公司经营管理，非执行委员享有监督权。第二，在职工参与

---

　　① 刘俊海：《职工参与公司机关制度的比较研究》，载王保树主编《商事法论集》（第 3 卷），法律出版社 1998 年版，第 99—100 页。

　　② 引自刘俊海《公司的社会责任》，法律出版社 1999 年版，第 249 页。

　　③ 邵景春：《欧洲联盟的法律与制度》，人民法院出版社 1999 年版，第 375 页。

的模式上，除保留了德国模式和荷兰模式外，还增加了工厂委员会和工会等模式。工厂委员会模式是指职工参与通过职工代表机构——工厂委员会进行，工会模式是指依照由公司和工会达成集体协议约定职工参与的具体方式。

二 国外企业社会责任立法实践的启示

尽管西方发达国家与我国在社会性质上迥然有异，但在市场经济条件下，西方国家采取的适应经济和社会发展方面的一些法律制度仍有我们借鉴的价值，企业社会责任就是其中之一。经过前一节对美国、德国、英国等国关于企业社会责任方面立法的考察，笔者认为西方发达国家关于企业社会责任方面的立法对我们的启示主要有以下方面。

（一）企业承担相应的社会责任，将是我国立法的必然选择

世界银行研究机构（WBI & WBG）在 2003 年 7 月发表的关于《企业社会责任的公共政策》（*Public Policy for Corporate Social Responsibility*）的研究报告中指出：发展中国家的政府正在把企业社会责任的行动视为一种提升国家可持续发展战略的手段，并且作为国家竞争战略的组成部分，以争取外国的直接投资和改善政府公共政策所聚焦的贫困问题。[①] 美国不发达国家研究专家奥斯汀教授也认为，"不发达国家贫穷的极端性和普遍性对企业赋予了特殊的社会责任，把其作为推动经济发展，减缓贫穷的一个工具"。[②] 目

---

① "World Bank Institute & World Band Group" Diordjija Petkoski, Niqel Twose，*Public Policy for Corporate Social Responsibility*，July 7—25，2003.

② ［美］斯蒂格利茨：《政府在市场经济中的角色：政府为什么干预经济》，中国物资出版社 1998 年版，第 148 页。

前，我国有关企业社会责任方面的研究和立法已经取得了一定的进步，但仍与发达国家相距甚远，完善我国企业社会责任立法仍有很长的路要走。

（二）根据我国的实际情况，规定与我国国情相适应的企业社会责任

各国在关于企业社会责任的立法实践中，无不以本国的实际情况为立法依据，因此各个国家的企业社会责任立法不尽相同。美国和德国有关企业社会责任方面的立法就迥然有异。前者主要通过赋予董事职权或义务的方式推进企业社会责任的落实，后者则以职工参与企业（公司）机关制度为特色。两国在企业社会责任立法实践中出现这样的区别并非偶然，主要原因在于：其一，在英美法系中存在着较为发达的信托及信托责任制度，而且这些制度在美国公司法中被广泛地适用；其二，美国的工会组织与德国相比力量较弱，对劳动者保护的意识也相对淡薄。对此，我们不能简单地评价孰优孰劣，其实适合自己的通常就是最好的，任何激进的和保守的与本国国情不相符合的立法都不利于企业承担相应的社会责任。我国正处在特殊的社会转型期，各种主体利益冲突明显甚至在一定程度上还可能激化，企业社会责任立法涉及的方面广，牵涉的利益主体多，因此我国的企业社会责任立法将立足我国的现实国情，充分考虑到现实的实际情况。

（三）企业社会责任涉及的法学领域众多，需要众多部门法的共同规制企业才能承担其应承担的社会责任

企业社会责任涉及法学、社会学、经济学等多种学科，但各国的企业社会责任实现的经验，都有力地证明了在企业社会责任的多种实现机制中，法律规制才是保证企业社会责任得以落实的

最强有力的措施。上述发达国家采取的法律规制措施主要包括：第一，加强环境保护，征收环境税；第二，完善劳动立法，保护劳工权益；第三，加强消费者权益保护；第四，创造条件使员工参与立法；第五，公司法中有关企业社会责任的条款应为授权型；第六，建立公益诉讼制度等。西方发达国家创造的这些法律制度相互配合，构成了一个有机的法律体系，有效地促进了企业承担其应承担的社会责任。我国立法设计企业社会责任时，也应当对这些法律制度进行相应的借鉴。

第二节　我国企业社会责任立法的现状及不足

一　我国企业社会责任的立法现状

近年来，我国企业社会责任问题的研究取得了较大的进步，尤其是以立法的形式对企业社会责任作了相应的规定。

（一）《公司法》中有关企业社会责任的规定

《公司法》对企业社会责任作了宣示性规定，主要体现在《公司法》第 5 条。该条规定："公司从事经营活动，必须遵守法律、行政法规，遵守社会公德、商业道德，诚实守信，接受政府和社会公众的监督，承担社会责任。"这一宣示性规定是《公司法》总则性的规定，为《公司法》中企业社会责任具体制度的建立奠定了基础，填补了由于我国公司法的阶段性立法特征而导致的法律漏洞，并成为法官在审判此类案件中无具体法律依据时可参照的准则。这一规定将公司这一民商事主体应遵守的最低商业道德伦理标准，上升为法律原则。

　　《公司法》对职工利益进行保护的内容主要表现在下述条文中：第 17 条新增加了公司必须为职工参加社会保险，发展和完善了我国职工保障制度。[①] 第 18 条第 1 款赋予了公司工会代表职工就职工的劳动报酬、工作时间、福利、保险和劳动安全等事项依法与公司签订集体合同的权利，使得《劳动法》中的规定在公司法中得到落实。[②] 第 45 条、第 52 条、第 71 条、第 109 条、第 118 条等规定扩大了职工实行民主管理对象的范围，即不仅仅局限于原规定的国有独资公司和两个以上的国有企业或者其他两个以上的国有投资主体投资设立的有限责任公司，而是扩大到受公司法规范的所有的有限责任公司和股份有限公司。[③] 职工实行民主管理的方式，既可以通过职工代表大会实现，也可以通过工

---

　　① 《公司法》第 17 条：公司必须保护职工的合法权益，依法与职工签订劳动合同，参加社会保险，加强劳动保护，实现完全生产。公司应当采取多种形式，加强公司职工的职业教育和岗位培训，提高职工素质。

　　② 《公司法》第 18 条第 1 款：公司职工依照《中华人民共和国工会法》组织工会，开展工会活动，维护职工的合法权益。公司应当为本公司工会提供必要的活动条件。公司工会代表职工就职工的劳动报酬、工作时间、福利、保险和安全卫生等事项依法与公司签订集体合同。

　　③ 《公司法》第 45 条第 2 款：两个以上的国有企业或者两个以上的其他国有投资设立的有限责任公司，其董事会成员中应当有公司职工代表；其他有限责任公司董事会成员中可以有公司职工代表。董事会中的职工代表由公司职工通过职工代表大会、职工大会或者其他形式民主选举产生。第 52 条：监事会应当包括股东代表和适当比例的公司职工代表，其中职工代表的比例不得低于三分之一，具体比例由公司章程规定。监事会中的职工代表由公司职工通过职工代表大会、职工大会或者其他形式民主选举产生。第 71 条：国有独资公司见时会成员不得少于五人，其中职工代表的比例不得低于三分之一，具体比例由公司章程规定。第 109 条：（股份有限公司）董事会成员中可以有公司职工代表。董事会的职工代表由公司职工通过职工代表大会、职工大会或者其他形式民主选举产生。第 118 条第 2 款：（股份有限公司）监事会应当包括股东代表和适当比例的公司职工代表，其中职工代表的比例不得低于三分之二，具体比例由公司章程规定。监事会中的职工代表由公司职工通过职工代表大会、职工大会或者其他形式民主选举产生。

会、选举职工监事、职工董事等方式实现，这使得职工的利益得到了进一步的有效保护。

《公司法》对债权人的保护方面引入了公司法人人格否认制度，即在特定的法律关系中否认公司的独立人格，从而追究滥用法人人格的股东的责任，在保障公司法人人格制度的目的得到实现的同时，实现债权人的利益补偿，切实有效地保障债权人的合法利益。[①] 同时，增加了股东诉讼和股东派生诉讼制度，在一定程度上赋予了监事会和监事提起诉讼的权利。

（二）其他法律中有关企业社会责任的规定

在职工参与企业管理方面，《全民所有制工业企业法》第10、49、51条等规定，企业通过职工代表大会实行民主管理；职工有参加企业民主管理的权利，有对企业的生产和工作提出意见和建议的权利等；该法第52条还对职工代表大会享有的涉及企业生产经营以及职工各项切身利益的事项进行审议决策的权利进行了具体规定。

在职工劳动保护方面，我国现行法律也作了相应规定：例如《全民所有制工业企业法》第41条及《劳动法》等都要求企业建立必要的劳动安全卫生设施，执行国家有关劳动保护的规定，维护职工的安全和健康等合法权益。再者，《劳动合同法》作为一部规范劳动力市场主体行为的法律，给劳动力市场的各类经济主

---

① 《公司法》第20条：公司股东应当遵守法律、行政法规和公司章程，依法行使股东权利，不得滥用股东权利损害公司或者其他股东的利益；不得滥用公司法人独立地位和股东有限责任损害公司债权人的利益。公司股东滥用股东权利给公司或者其他股东造成损失的，应当依法承担赔偿责任。公司股东滥用公司法人独立地位和股东有限责任，逃避债务，严重损害公司债权人利益的，应当对公司债务承担连带责任。

体带来了意义深远的影响，尤其是从事劳务派遣行业的市场主体——各类人力资源外包机构。《劳动合同法》不仅在其相关条款中对从事人力资源外包的机构做出了法律上的限制和约束，透过它的立法宗旨和这些条款，我们还可以看出，它也要求劳务派遣机构必须具有企业社会责任意识，担负起其所应该承担的社会责任。《劳动合同法》对劳务派遣机构所要承担的社会责任要求有：保护被派遣者的合法权益和帮助客户获得合法利益，从而构建和谐的劳动关系。

在环境保护方面，《环境保护法》规定："一切单位和个人都有保护环境的义务，并有权对污染和破坏环境的单位和个人进行检举和控告。"该法还规定，"一切企业、事业单位的选址、设计、建设和生产，都必须充分注意防止对环境的污染和破坏。在进行新建、改建和扩建工程时，必须提出环境影响的报告书，经环境保护部门和其他有关部门审查批准后才能进行设计；其中防止污染和其他公害的设施，必须与主体工程同时设计、同时施工、同时投产；各项有害物质的排放必须遵守国家规定的标准。已经对环境造成污染和其他公害的单位，应当按照谁污染谁治理的原则，制定规划，积极治理。"除了在《环境保护法》中规定企业应履行保护环境的义务外，我国还颁布了一系列有关污染防治和自然资源保护的立法，例如《水污染防治法》、《大气污染防治法》、《海洋环境保护法》、《固体废物污染环境防治法》、《环境噪声污染防治法》、《水法》、《水土保持法》以及《防沙治沙法》等。企业应严格遵守法律，切实履行保护环境的法律义务。

在消费者权益保护方面，《产品质量法》明确规定了其立法宗旨"为了加强对产品质量的监督管理，提高产品质量水平，明确质量责任，保护消费者的合法权益，维护社会经济秩序"。为了保证产品的质量，该法第 2 条规定："在中华人民共和国境内从事产品生产、销售活动，必须遵守本法。"第 3 条规定："生产者、销售者应当建立健全内部产品质量管理制度，严格实施岗位质量规范、质量责任以及相应的考核办法。"第 4 条规定："生产者、销售者依照本法规定承担产品质量责任。"这些规定明确了企业在生产及销售过程中，必须采取有力措施，保证产品的质量。此外，我国《食品安全法》、《消费者权益保护法》、《未成年保护法》等多部法律也有企业应当承担保护消费者权益责任方面的法律规定。

在慈善捐赠方面，为了鼓励捐赠，规范捐赠和受捐行为，保护捐赠人、受赠人以及受益人的合法权益，1996 年 10 月 1 日《公益事业捐赠法》开始施行。按照规定，作为充当捐赠人的企业，可以将其有权处分的合法财产，捐赠于下列公益事业：第一，救助灾害、救济贫困、扶助残疾人等困难的社会群体和个人的活动；第二，教育、科学、文化、卫生、体育事业；第三，环境保护、社会公共设施建设；第四，促进社会发展和进步的其他社会公共和福利事业。这就为企业实施公益性捐赠这一典型的社会责任行为提供了基本的法律依据。尽管《公益事业捐赠法》并非专门规定企业公益性捐赠的法律，但因其适用于企业公益性捐赠，故其对企业社会责任的落实仍有积极的意义。此外，2008年施行的《企业所得税法》第 9 条明确规定："企业发生的公益性捐赠支出，在年度利润总额 12％ 以内的部分，准予在计算应纳税收所得额时扣除。"该法将企业用于公益性捐赠支出的年度应纳税所得额从 3％ 提高到 12％，对企业来说这绝对是一个利好规定，也是一种无形的激励机制。我国现行《合同法》显然无意于涉及企业社会责任问题，但其中关于赠与合同的规定，也间接地为企业实施公益性捐赠这一典型的社会责任行为提供了依据和支持。[①]

二　我国企业社会责任立法中存在的不足

我国企业对承担社会责任的重要性认识不够，企业没有遵照或没有安排相应的制度来保障其内容的实现，而且个别企业对于企业社会责任感觉是陌生的，根本不知道其为何物，使得其成为一纸空文。[②]事实上，导致这种普遍现象的深层次原因还在于企业社会责任的相关立法不够完善，可操作性不强，使得企业对是否承担社会责任抱着一种无所谓的态度。

（一）缺乏系统的立法体系

纵观我国现有的关于企业社会责任的立法，主要分散在《公司法》、《劳动法》、《产品质量法》、《消费者权益法》、《环境保护法》以及《社会保障法》等诸多法律法规中，没有形成较为系统的体系，尤其是没有一部专门规范企业社会责任的法律。关于职工利益的保护，规定在《劳动法》中；关于债权人利益保护，多见于《民法通则》、《合同法》；关于消费者利益保护，规定在《产品质量法》、《消费者权益保障法》中；关于社区环境的保护，规定在《环境法》、《自然资源法》等法律中。可见，我国对股东以外利益相关者的立法保护是极其分散的，这样的立法现状不但导

---

① 具体内容参见《合同法》第 186、188 条。
② 中国企业管理研究会、国社会科学院管理科学研究中心编：《中国企业社会责任报告》，中国财政经济出版社 2006 年版，第 45—46 页。

致公司对其他利益相关者的保护不到位，而且还导致有些公司规避法律，逃避其应承担的社会责任。

（二）《公司法》在企业社会责任方面规定的不足

如果仅仅将企业社会责任停留在宏观的社会利益层面分析，势必会使该理论沦落为"含义模糊不清，只不过是一种宣传工具而已……只不过是公司、政府和消费团体相互斗争的工具而已"。[①] 因此，必须将该理论具体落实到制度层面，使之具有可操作性，才能保证其实现。虽然修改后的公司法在强化企业社会责任方面做了很多有益的规定，但其存在的某些不足也是显而易见的。

1.《公司法》总则中关于企业社会责任的规定不够明确。将社会责任明确写入《公司法》，其意义虽然重大，但由于其概念的抽象性所带来的缺乏操作性决定了其作用的有限性。

2.《公司法》对企业社会责任的内容及不承担企业社会责任的后果都未加以明确规定，这使得企业承担社会责任缺乏刚性的保护。

3.《公司法》第45和第109条有关职工董事的规定（两个以上的国有企业或者两个以上的其他国有投资主体设立的有限责任公司除外）使用了"可以"二字，这种选择性规范并不具有强制性。对股份有限公司而言，其董事会成员可以有职工代表，也可以没有职工代表。而股份有限公司，尤其是大型的股份有限公司，其侵犯职工利益的事件更有可能发生，因而应在法律上以强制性规定扩大职工董事的适用范围。

---

　　① 刘俊海：《公司的社会责任》，法律出版社1999年版，第4页。

4. 对债权人的保护不够周全。《公司法》虽然增加了公司人格否认制度的规定，但仍然存在着难以对公司债权人提供周详保护的局限性。因为公司人格否认制度仅在公司破产时适用，它仅仅起保护债权人利益于事后的消极作用，不能起防止公司破产和债权人债权不能实现的危险于事先的积极作用。[①] 该法第178条第2款有关公司减资方面的规定不够明确和具体，只是简单规定债权人"有权要求公司清偿债务或者提供相应的担保"，而对于公司在未清偿债务或未提供相应担保的情况下，仍然做出了减资的行为该如何处理，则缺乏相应的规定，这对于债权人的保护显然是不够的。此外，该法第184条规定在逾期不成立清算组进行清算的情况下，债权人可以申请人民法院指定有关人员组成清算组进行清算。其中"有关人员"的规定过于模糊，并没有明确债权人可以作为其中的一员进入清算组，债权人在公司清算中有可能被人为地排除在外，从而失去维护自身合法权益的有利时机。

5. 《公司法》虽然增加了股东诉讼和股东派生诉讼制度，在一定程度上赋予了监事会和监事诉权，但其适用范围非常有限，即只有当董事、高级管理人员在执行公司职务时违反法律、行政法规或公司章程的规定给公司造成损害时，监事会、监事经股东请求才可以向法院提起诉讼。而当上述人员、公司损害利益相关者利益时，监事会和监事并不能享有直接的诉权，因此该条款具有重大的设计缺陷。

6. 《公司法》作为公司的组织法和行为法，在当今公司对环境造成诸多影响的现实背景下，却未对公司环境责任做出明确规

---

① 张民安：《公司法上的利益平衡》，北京大学出版社2003年版，第107页。

定，这不能不说是个遗憾。

（三）其他相关部门立法的不完善

相关部门法例如《环境法》、《产品质量法》等也对企业社会责任进行了规定，但同样存在一些不足之处。

1. 环境保护方面的法律力度不够。第一，公民对环境信息的知情权没有进行规定；第二，在生态安全保障方面，没有专门针对循环经济的立法；第三，缺乏强有力的污染控制法，使得企业有漏洞可钻；第四，对环境污染的处罚力度不大，导致企业违法成本较低；第五，缺乏对污染环境的行为征收环境税的相关法律规定。

2. 产品质量管理方面法律规定的不健全。虽然《产品质量法》第14条规定：国家参照国际先进的产品标准和技术要求，推行产品质量认证体系，但是该认证体系的实施是以企业自愿为前提。在实践中，即便企业申请，也不是一件困难的事情，只要找到一个咨询公司准备好前期文件，然后递交认证部门审查通过即可。而对于产品质量的监督，国家实行以抽查为主要方式。毕竟国家的人力资源是有限的，抽查也主要以中小型企业为主，往往忽略了大型企业的问题。2008年齐齐哈尔制药厂出现的问题正是这一问题的反映，其根本原因在于法律规定的不完善。

3. 反腐败方面规定的缺失。反腐败一直是我们党和国家关注的问题，其实企业也与此有关，因为在很多案件中企业充当着行贿人和受贿人的角色。在经济全球化的大背景下，我们应时刻关注发达国家和国际组织有关反腐败的立法发展动向。当前，我们尤其需要借鉴国际上的先进经验，对与企业密切相关的商业贿赂和反腐败等方面进行立法规制，促使企业承担起反腐败的社会责任。

第三节 我国企业社会责任的立法建议

一 企业社会责任的立法模式

（一）企业社会责任立法模式的选择

按照一般的法学理论，立法模式主要包括两种，即集中型立法模式和分散型立法模式。两种立法模式都有其各自不同的理论基础和立法技术加以支持，优缺点各有。企业社会责任集中型立法模式属于形式统一的企业社会责任立法模式，其优势在于立法内容的集中和统一，具有很大的稳定性；劣势在于立法技术的难度很大。企业社会责任分散型立法模式属于实质统一的企业社会责任立法模式，其优势在于可以在总原则的指导下结合具体情况来制定不同的具体法规，具有极大的灵活性，便于法律的修改和完善；劣势在于容易"破坏"法律的稳定和统一。具体到每个国家的立法选择，就要结合各个国家的具体国情来选择，尽量使所选模式的优势最大限度地得到发挥，使劣势尽可能地得到限制。

（二）我国企业社会责任的立法模式

企业社会责任作为一个舶来品，需要吸收和借鉴国外先进的理论和实践经验，但不能盲目照搬。"必须记住法律是特定民族的历史、文化、社会的价值与一般意识形态与观念的集中体现。任何两个国家的法律制度都不可能完全一样。法律是文化的一种表现形式，如果不经过某种本土化的过程，它便不可能轻易地从一种文化移植到另一种文化。"① 我国目前正处在一个特殊的社会转型期，全盘移植国外经验容易造成"水土不服"，因此应建立起有中国特色的企业社会责任立法体系。我国现有的企业社会责任立法散见于公司法、劳动法、消费者保护法、环境保护法等相关部门法之中，以单个法律条款形式出现，相互之间缺乏联系与协调，从整体上看非常零乱和不系统。这种杂乱的立法模式不利于企业承担相应的社会责任。综合考察集中型和分散型立法模式的优劣，结合我国的实际情况，本文认为目前我国应该采取分散型立法模式。该分散型立法模式的主要特点就是采用企业社会责任基本立法及相应部门立法的结合。我国当前适合分散型立法模式的原因有以下两个方面：第一，我国正处于经济迅速发展和社会主义市场经济体制逐步完善时期，经济生活的各个方面在成熟程度上还存在很大的差异性，发展步伐的不同步性决定了经济立法是一个逐步完善的过程，分散性的立法模式是当前经济条件下的最佳选择。第二，我国有关企业社会责任的立法分散在不同的部门法中，如果采用集中型立法需要大幅度地修改目前的立法体系，现实难度很大；而分散型的立法模式可以先制定一个企业社会责任专门法，在此基础上，完善相关的部门立法，在条件成熟的时候再把各个方面的企业社会责任立法统一到一个部门法中。具体而言，可首先在公司法修改中设立企业社会责任专章，明确企业社会责任的内容和具体要求等。其次完善或增加其他部门法中的企业社会责任条款，从企业外部立法对企业承担社会责

---

① 张文显主编：《法理学》，高等教育出版社、北京大学出版社 1999 年版，第 163 页。

任加以规范。最后到条件成熟时制定一部专门的企业社会责任法规。

二　多维法制环境下企业社会责任的立法完善

前文中笔者将宏观法制环境分为社会法制环境、行政法制环境、经济法制环境、技术法制环境。在企业社会责任的立法完善中，笔者仍按照不同宏观法制环境下企业社会责任的立法完善展开论述。

（一）企业社会责任在社会法制环境下的立法完善

社会法制环境下企业社会责任的立法完善，应该着重关注和完善以下几个方面的相关立法。

1. 环境保护方面的立法完善

（1）加大环境保护立法的力度，将可持续发展作为一项基本原则规定在环境保护法中。在立法中应强调企业对环境保护具有不可推卸的责任，并且加大对企业破坏环境的惩罚力度以及强化相关责任人的法律责任，以防止实践中一些企业由于违法成本低而铤而走险。尽快进行环境税立法，以适应严峻的污染形势。虽然我国环境税的立法仍处于酝酿阶段，不可能在短期内制定一部完整的环境税法，但开征独立的环境税税种，建立完备的环境税法律体系已是我国税法建设的必然目标。① 在对《环境保护法》进行修改时，设立环境税将有效地遏制企业的污染行为。

（2）2002 年我国出台了《清洁生产法》，鼓励企业开展清

---

① 张俊、马力：《环境税的立法构想》，《圆桌论坛》2007 年第 7 期。

洁生产,从源头上控制污染,防止环境污染对我国的经济发展和人民健康带来危害,但是从长远来看,中国必须走循环经济的路子。因为清洁生产只不过是循环经济的初级阶段,它只着眼于生产和服务领域,而循环经济包括了生产、分配、交换、消费、再生资源等多个领域,更有利于全方位地对污染环境的行为进行监控。国外在这方面已有了成功的立法案例,例如德国1996年制定的《循环经济和废物清除法》以及日本2000年制定的《循环型社会形成推进基本法》。这两部立法的共同目标是确保全社会对物资的循环利用,抑制天然资源的浪费,减轻环境负荷。根据我国的实际情况,我国也应该开展有关循环经济的立法调研,及早出台循环经济立法,从源头上控制污染。

(3)为更好地保护环境、保障广大人民群众的合法权益应制定一部《环境信息公开法》,将公民的知情权落到实处。

2. 劳工权益保护方面的立法完善

虽然《劳动法》、《工会法》、《职业病防治法》、《劳动保障监察条例》、《社会保险法》等明确规定对劳工权益进行保护,但是这些法律却未能有效地保护劳工的合法权益。为了更好地保障劳工的合法权益,在现有的法律框架下,应修改其中操作性不强的内容和过于原则化的条款,积极推进与劳工权益保护相关的法律制度的完善。具体做法如下:第一,强化劳工权益保护的执法机制,完善劳动保障和诚信制度,切实改善国内劳工的工作和生活条件。第二,加强对劳动保障法规实施情况的检查与监督。第三,切实加强工会的作用。结合我国的实际状况,为了切实保障劳工的合法权益,防止老板控制工会,政府部门要在法律制度上支持职工加入工会组织，并保证工会的独立性。[①] 一些已经建立工会的企业，相当多数是由雇主或企业方控制或操纵工会，更有甚者，有的工会就是由雇主亲自或指派亲信建立的，有的工会主席甚至是老板娘或二老板。雇主阻挠成立工会和控制工会的这种"干涉行为"，是第98号国际劳工公约所明确禁止的典型的不公正劳工措施。[②] 对于企业藐视工会的这种情况，亟须通过不当劳动行为立法以法律救济的形式对其进行约束和纠正。[③]

3. 消费者权益保护方面的立法完善

在消费者权益保护方面，我们需要进行的立法完善还有许多，主要包括：第一，在《消费者权益保护法》方面，首先扩大该法的适用范围，"为生活需要"的范围限定需要做立法解释，应该扩大到住房、汽车等耐用消费品领域，通过严格的消费者立法来约束企业行为；其次是完善消费赔偿方面的立法，把惩罚性赔偿视为消费者保护的主要途径。第二，在《产品责任法》方面，要在法律上明确产品质量责任和产品责任的区别。产品质量责任和产品责任采用不同的归责原则进行追究，在产品责任方面应该适用严格责任原则而不是类似质量方面的过错责任原则，即当消费者因为产品缺陷而受到损害的，采取举证责任倒置的原则，由生产者承担举证责任。在诉讼中采取严格责任原则有利于

---

① 古桂琴、丁鑫：《浅议政府在促进企业履行社会责任中的作用》，《山西高等学校社会科学学报》2006年第6期。

② 见《组织权利和集体谈判权利原则的实施公约》第二条，载国际劳工组织北京局编《国际劳工公约和建议书》第一卷，1994年，第164页。

③ 常凯：《WTO、劳工标准和劳工权益保障》，《中国社会科学》2002年第1期。

减轻消费者负担，有利于鼓励消费者通过诉讼手段来保护自身利益，更有利于对生产者进行有效的监督，迫使其提高产品质量。

4. 人权保护方面的立法完善

人权是使人成为其人的权利。每一个人的人权都应当得到尊重和保护。保障人权是国家或政府的主要职责，国家主要是通过制定法律或政策使基本人权的保障有制度上的依据，政府职能部门则组织力量对保障基本人权的制度予以落实。我国的《宪法》、《劳动法》、《消费者权益保护法》、《产品质量法》等法律以及一系列的行政法规、规章都对经济活动参与者的基本人权予以了确认。但由于我国发展市场经济的时间不长，受经济发展水平的限制，国家财力还不雄厚，以现有的力量不可能对基本人权给予全面、充分的保障。基本人权的保障还是建立在具体的经济、社会活动中发生经济、社会关系的相关各方对基本人权的尊重和认可上。在保障具体基本人权的过程中，企业的经济力量及其相关的法律义务使它承担弥补国家对基本人权保障不足的部分成为可能，因此有必要在企业社会责任的相关立法中对人权进行明确的规定。

（二）企业社会责任在行政法制环境下的立法完善

事实已经证明，企业需要承担起反腐败（反商业贿赂）方面的责任。商业贿赂指的是在商业活动中，经营者为销售或者购买商品，提供或者接受服务而采用给予对方单位或者个人财物或者其他利益的行为。在这里尤其需要关注的是对政府官员的贿赂行为。全球每年因为贿赂和腐败导致的经济损失高达32000亿美元。[①] 商业贿赂已经形成为一种行为模式，成为一种

---

① 黄传英：《完善治理商业贿赂法规探析》，《广西民族大学学报》2007 第 6 期。

商业惯例和日常生活中的文化习俗。一些领域的商业贿赂甚至进行"明码标价"。[①] 因此，加强企业承担商业贿赂方面的社会责任，则可以有效地剔除这种商业潜规则，进而维护市场的稳定、促进经济的发展。就我国而言，在形式上对商业贿赂犯罪的惩治是严厉的。[②] 我国现行《刑法》在第3章第3节"妨害对公司、企业管理秩序罪"和第4节"破坏金融管理秩序罪"中对商业贿赂犯罪作了比较详细、具体的规定，包括第163条规定的公司、企业人员受贿罪、第164条规定的对公司、企业人员行贿罪以及第184条规定的金融机构工作人员受贿罪，这些规定与刑法第8章的公务贿赂犯罪既相互对应又相互区别，但这些规定仍有不完善之处。目前，反商业贿赂治理工作已经取得了阶段性的成效，但在立法与执法工作中还存在缺陷。例如，不够严厉的反贿赂法制体系导致贿赂黑洞过大以及长期以来对行贿行为的规范与惩处力度不够等。我们认为，未来立法应通过制定专门的法律，整合相关规定，综合运用刑事、民事、行政等责任追究手段[③]，为治理商业贿赂提供有力武器，促使企业承担起更多的社会责任。从长远看，我们建议应借鉴美国、德国等市场经济发达国家治理商业贿赂的成功经验，制定专门的《反商业贿赂法》，以弥补这一法律体系中的缺陷。中国应将散见于《刑法》、《反不正当竞争法》及其他部门法中的关于商业贿赂行为的零散条文加以整合，

---

① 闫宝龙：《反商业腐败的法律缺失与对策》，《山东社会科学》2007年第2期。

② 杨秋林、刘莉芬：《商业贿赂犯罪的立法缺陷及其完善》，《江西社会科学》2007年第6期。

③ 柯葛壮、张亚杰：《论惩治商业贿赂的制度缺失及完善》，《政治与法律》2007年第3期。

将实体性法律规范（包括刑事、行政和民事）及程序性法律规范统一在一部法律之中，制定一部统一的《反商业贿赂法》，以维护中国公平竞争的市场环境和投资环境。[①] 以专门立法的形式明确企业承担反商业贿赂方面的责任，这不仅可以有效地遏制屡禁不止的商业贿赂行为，而且还可以更好地完善企业社会责任的相关内容。

（三）企业社会责任在经济法制环境下的立法完善

《公司法》是"公司必须遵循的行为准则，是公司正常活动与发展的根本保证"。[②] 由于现代企业大都采用公司的形式，因此在企业社会责任立法中，对《公司法》进行相关的立法完善便成为重中之重。笔者认为除了进一步完善《公司法》中的总则规定外，还应在《公司法》中设立"企业社会责任"专章。具体内容如下：

1. 完善《公司法》总则中企业社会责任的规定

从各国实践来看，《公司法》对企业社会责任进行明确规定是企业承担社会责任的最有效保证。我国《公司法》第5条将社会责任引入立法，具有历史性的意义，但是仅有这一条规定是远远不够的，还应作出以下规定。第一，明确企业社会责任的含义，应尽可能地进行全面的、细致的规定。第二，明确企业社会责任的立法目的和立法精神。第三，对企业社会责任的范畴作出纲领性、指引性的规定，公司对消费者、职工、政府、环境等承担的具体责任，可以在各相应的实体法中分别作出规定。第四，

---

① 程宝库、林楠南：《关于我国反商业贿赂立法的反思》，《求是学刊》2006年第3期。

② 江平：《中国公司法原理与实务》，科学普及出版社1994年版，第5页。

明确规定企业"得"考虑股东以外的利益相关者的利益。

2. 分则中设立企业社会责任专章

在《公司法》分则中设立企业社会责任章节，专章规定与企业承担社会责任有关的内容。

（1）职工参与企业管理

完善职工参与企业的管理制度首先应当进一步扩大企业职工代表大会的权力，健全职工参与职工代表大会的方式和程序，规定企业违反职工代表大会制度的法律责任等。其次，完善职工董事和职工监事制度。我国公司治理结构受德国影响，采取"双层制结构"，但又与德国的"双层制结构"不一样。德国的"双层制结构"是股东会之下设立监事会，监事会之下设立董事会，监事会对董事有任免权，所以职工进入监事会可以对董事起到监督作用。而我国公司治理的"双层制结构"中，董事会和监事会同为股东会之下的平行机构，监事会没有任免董事的决定权而只有建议权，所以要保护职工的权益，职工既要进入董事会又要进入监事会，职工的权益才可能得到充分地保护。因此，在我国现有"双层制结构"不变的情况下，可以扩大职工董事和职工监事的范围，健全职工董事和职工监事的选举和罢免程序，明确职工董事和职工监事的权利和义务。

（2）董事责任的完善

美国企业社会责任理论和实践中，通过对董事义务责任的改革以强化企业社会责任。美国大多数州的"非股东利害关系人立法"中，要求公司董事在公司遭遇恶意收购时，须考虑非股东利害关系人的利益。尽管美国的"非股东利害关系人立法"局限于抵制恶意收购，但其通过增加董事的特定义务而保护了"非股东利害关系人"利益的做法可资借鉴。我国《公司法》中应增加公司董事、监事、高级管理人员对非股东利害关系人注意义务的规定，如果公司董事、监事、高级管理人员故意或者重大过失对公司的非股东利害关系人的利益造成损害，相关人员要对非股东利害关系人承担赔偿责任。此外，美国的"独立董事"（independent directors）制度也是我国应当借鉴的。美国设立"独立董事"的目的在于控制公司的内部违法行为、保护中小股东的利益，为此赋予"独立董事"对公司事务进行监督的权利。我国《公司法》第123条规定"上市公司设立独立董事，具体办法由国务院规定"。但是，时至今日，相关的"具体办法"尚未出台。为了使公司的非股东利害关系人的利益得到体现和维护，在国务院制定设立"独立董事"的办法时，应将"独立董事"的职能扩大为代表非股东利害关系人的利益，而不仅仅是控制公司的内部违法行为和保护中小股东的利益。"独立董事"作为从外部进入公司的有识之士，可以有效地保护非股东利害关系人的利益。

（3）加强公司监事（会）的职责

仔细分析现行《公司法》关于公司监事职权的第54和第55条规定，与企业社会责任承担相关的即是其中的第54条第3款，即当董事、高级管理人员的行为损害公司的利益时，要求董事、高级管理人员予以纠正。[①] 然而此处"公司的利益"用语比较模糊，具体而言，损害公司非股东利益相关者利益的行为是否属于

---

① 《公司法》第54条第3款：当董事、高级管理人员的行为损害公司的利益时，要求董事、高级管理人员予以纠正。

"损害公司利益的行为"并不是十分明确。因此，为避免用语模糊造成的不便，在《公司法》中应明确增加监事会在监督企业承担社会责任方面的职责。

（4）完善企业债权人的保护机制

为了充分保护企业债权人的合法权利，首先，在债权人知情权的范围上，宜扩大债权人对股东名册的知情权。《公司法》只规定了公司股东对公司章程、会议记录与会计报告、会计账簿的权利，并要求公司置备股东名册，但并没有规定债权人对这些文书材料的知情权。从公司自治角度而言，公司章程、会议记录与会计报告、会计账簿等都涉及公司的内部事务，赋予债权人对这些材料的查阅权有干涉公司自治之嫌。但是，对于已经置备于公司的股东名册，应允许债权人进行查阅。根据《公司法》的规定，股东名册是确认公司股东资格的依据，具有证明记名股东资格的充分表面证据功能。但是《公司法》并没有通过信息披露机制使股东名册获得对外的公示效力，在这种情况下，赋予债权人行使知情权一方面可以保护作为善意第三人的债权人，从而保证交易的安全，另一方面也有利于促进交易。因此，赋予公司债权人的知情权势在必行。日本新《公司法》第125条规定："股份公司必须将股东名册置备于其总公司（有股东名册管理人的，为其营业所）。股东及其债权人在股份公司的营业时间内可随时提起下列请求。此时，必须明确该请求的理由。"[1] 该规定鲜明地赋予了公司债权人请求查阅公司股东名册的权利，保障了公司债权人的知情权。在今后的立法中，我国可以借鉴日本的这种立

---

[1] 王保树：《最新日本公司法》，法律出版社2006年版，第107页。

法：一是，明确债权人对股东名册的知情权；二是，在债权人知情权的程序上，规定在获取股东名册时，可以随时向公司提出并说明请求的理由。同时为了避免过多的请求被提出，可要求债权人支付相应的费用或担保。

其次，完善债权人的公司利益求偿权。一般而言，关于公司财产，只有在破产清算的时候，公司债权人才能先于股东优先受偿，而股东获得公司的剩余财产。《公司法》规定了承担资产评估、验资或者验证的机构评估或者证明不实对债权人的赔偿责任。同时，第20条第3款规定了公司股东的连带责任，为公司在存续期间公司债权人利益的保护创造了条件。但是，该保护还是相当有限的，并没有涉及公司在存续期间违法时债权人的利益求偿权。需要指出的是，日本新《公司法》规定了违法分红时债权人的权利。该《公司法》第463第2款规定，违法的盈余金的分红时，公司债权人有权请求受领分配的股东向自己进行偿付。① 为债权人在公司存续期间的权利救济提供了途径，值得我国借鉴。

3. 完善法律责任

《公司法》并没有对公司不承担社会责任时应负的法律责任进行规定，缺少法律责任的义务规定无疑将成为一纸空文。因此我国《公司法》应当在法律责任中加入公司拒不承担或不适当承担社会责任所带来不利法律后果的规定。第一，《公司法》应规定公司因违反社会责任对社会、相关利益者造成损失的，应承担相应的法律责任。因为企业社会责任是一个复杂的体系，《公司

---

① 王保树：《最新日本公司法》，法律出版社2006年版，第6页。

法》不可能详尽所有的法律责任，所以《公司法》可以尝试用宽泛的、指引性的规定来明确公司违反社会责任的法律责任。第二，加大对公司违反社会责任的惩治力度。从我国目前公司承担社会责任的现状来看，公司对其承担社会责任的自觉性不是很高，违反社会责任的案件时有发生，不能坐等通过提高公司的自觉性来承担其社会责任。为了更好地促进公司盈利与社会利益的和谐发展，笔者认为，应加大对公司违反社会责任的惩治力度，例如加大金钱赔偿的数额。

4. 完善权利救济制度

"有权利就有救济"，以权利抗衡权力。如果不能以诉讼的方式维护自己的权利，那么，这些权利也只能停留在纸面上而已。社会组织和个人对企业承担社会责任的监督很大程度上依赖于诉权的实现。

（1）完善派生诉讼机制。我国《公司法》第 152 条规定了派生诉讼，如果公司利益受到损害并同时使社会利益受到损害，可以利用这种诉讼程序保障社会利益。但就保护社会利益这一点而言，我国《公司法》规定的派生诉讼依然停留在以股东主权主义为中心的股东派生诉讼的层面上，强调的依然是股东派生诉讼权，忽视了其他利益相关者派生诉讼权的存在。而综观各国公司法，一般将派生诉讼权赋予三类人，即股东、公司债权人和其他适当的人，[①] 赋予后两类人派生诉讼权，通常是为了防止公司违反社会责任而损害社会利益。我国《公司法》可以增加相关规

---

① 颜运秋：《公司利益相关者派生诉讼的理论逻辑与制度构建》，《法商研究》2005 年第 6 期。

定，赋予公司债权人团体、消费者团体和公司的职工代表大会或工会以派生诉讼权，因为这三者是在公司违反社会责任时经常受到侵害的社会利益主体。当然，基于环境保护的重要性，还可以考虑赋予环境保护部门派生诉讼权。

（2）完善公益诉讼机制。这一权利救济措施尤其适用于消费、环保领域，以环境保护公益诉讼为例，应规定更加宽泛的起诉主体，任何公民、社会团体乃至检察机关①等一旦发现某公司有环境侵权行为发生并已造成损害结果，无论其自身权益是否受到侵害，都可以作为适格原告起诉，诉讼费用应由败诉方承担；当然，为鼓励各种主体对环境侵权案件的积极参与，可以在胜诉后考虑对起诉人以及在诉讼过程起到积极作用的个人或集体进行一定的奖励。

（四）企业社会责任在技术法制环境下的立法完善

企业的技术进步在给我们带来越来越多的方便、给社会创造越来越多的财富的同时，也给我们带来了大量不容忽视的社会问题，而这些新问题都需要从立法上进行规制。

1. 加强信息技术的相关立法

在信息化社会的发展中，国家政府及其掌权者对信息化社会的到来是否已经高度重视和意识到了；如何保证信息化社会的安全；人们的工作方式、生活方式必须打破传统的方式而适应信息社会的方式等，这一切的一切都要求国家的政策和法律在宏观上要作出规划并重新作出回答。②

---

① 王晓：《我国检察机关提起民事公益诉讼之研究》，《学海》2007 年第 4 期。

② 何礼果：《现代信息技术法律问题研究》，《西南民族大学学报》（人文社会科学版）2005 年第 3 期。

以电子商务法律制度的构建为例。电子商务的发展，首先要建立人们对网络使用的安全感与依赖感。然而这不仅要靠科技上构建安全的防范体系，而且也需要在法制体系上予以足够的支持与配合。近几年来，随着电子商务的蓬勃发展，许多国家和国际组织都纷纷制定颁布了相关的法律规范。国际经济合作与发展组织（OECD）、世界贸易组织（WTO）、世界知识产权组织（WIPO）、国际商会（ICC）以及美国、欧盟等国家的电子商务立法不仅数量庞大，而且涉及电子商务的方方面面，以适应时代的发展和人们生活的需要。然而，我国关于电子商务的法律制度则是一片空白，许多问题由于缺乏法律规定已经显得束手无策，不能够满足人们的生产和生活需要。目前，我国的电子商务立法已成大势所趋，应引起我们的高度重视，最终加快我国《电子商务法》的出台。在电子商务法的立法设计中加强对消费者权益的保护，明确企业承担保护消费者权益的社会责任。因此，我国在电子商务的完善方面还有很长的路要走。

2. 生物技术的立法完善

社会发展与法律变化的关系表明，社会发展通常会引起法律变化；拒绝变化法律，法律则会成为严重阻碍社会发展的桎梏。社会要发展变化，法律也要随之发展变化。明智的选择是主动地变革法律，使之适应社会发展，并学会运用法律机制促进社会发展。[①] 现代生物技术及其产业的迅猛发展，一方面给我们带来了福音，但另一方面也有可能给我们带来灾难，如何

---

① 王全福：《困境与抉择——有关电子商务的法律变革》，《理论探索》2004年第6期。

保证生物技术的正确发展方向，既能够及时调整生物技术发展中产生的新社会关系，又能够保障和促进生物技术在法制轨道上获得更加迅速的发展，是现代生物技术法律制度必须回答的问题。

以转基因方面的立法为例。转基因食品的风险是实实在在的，现在没有人知道这种风险到底有多大，因此，转基因产品的食用安全性问题成为人们最为关切的问题。转基因产品对人类健康的危害性主要表现在以下几个方面：基因经过人工提炼和添加后，除了达到某些预想的效果外也增加和积累了食物中原有的毒素；对某一种食物过敏的人有时还会对另一种他们以前不过敏的经过基因转移的其他食物也产生过敏；对生态环境的危害性，由于转基因作物是通过基因的优化组合而具有比传统的作物品种更强的生命力和竞争力，它们在物种的生存竞争中必然会占据优势地位，因而会逐渐淘汰原有的一些物种，特别是加速一些濒危生物的灭绝，从而使得生物物种多样性不断减少，对人类的生存与发展造成潜在的威胁；对社会经济的危害性，技术是一把"双刃剑"，它可以为人类谋福利，同时也可能给人类社会带来灾乱等。针对转基因产品的潜在的危害性，美国、日本等国都制定了相关的法律法规对其进行规制，我国2002年颁布的《转基因食品卫生管理法》明确规定对转基因食品进行监督管理，保障消费者的健康权和知情同意权。① 尽管如此，我国现在还缺乏一部专门的转基因产品安全性立法。当前，国家正在加强对此方面的立法工作研究，有关部门正在依据国内的政府条令以及国外通行的一些

---

① 具体内容参见2002年《转基因食品卫生管理办法》。

做法加强相关方面的工作。① 加强对转基因产品的严格管理，加强企业在转基因产品方面的社会责任，并将其诉诸于法律手段是目前发展的必然趋势。

第四节　替代性纠纷解决机制的合理利用

一　域外替代性纠纷解决机制的兴起

20 世纪 60 年代以来，许多西方国家出现了诉讼的大幅度攀升甚至出现了被学者称为"诉讼爆炸"的现象，如何保障真正需要接近正义寻求救济的公民的权利并为这种权利的实施提供良好的制度条件，同时，如何防止民众对接近正义权利的不当利用，对此，西方国家推行了接近正义的三大尝试。第一尝试被概括为"接近正义的第一波"，即法律援助运动，通过设立具有实践效果的法律援助和法律咨询制度，为经济能力薄弱的当事人提供接近法院的保障。第二次尝试为"接近正义的第二波"，即集团诉讼运动，特别是针对消费者诉讼和环境保护的集团诉讼，第二波的改革侧重对民事诉讼和法庭角色的传统理念和内涵进行再思考，"正确的代表人"概念被提出并被挑选出来以代表集团利益参与诉讼，代表人的决定能够约束该集团中的任何成员；"既判力"也为保障集团利益而做了适当地调整。法律援助运动和集团诉讼运动在促进民众接近正义方面都起到了很重要的作用，并使接近

---

① 例如，2002 年国务院专门成立了转基因产品安全监督管理领导小组，主要负责对涉及转基因产品方面的问题进行专门研究，并草拟相关的法律。

正义具备了实质性意义。这些改革使过去长期被忽视的权利被民众通过司法保护而获得。法律援助运动旨在实现那些没有经济能力的民众获得律师的法律帮助，这适时地提升了民众对他们传统权利和新增权利的意识。集团诉讼运动，其对象不仅仅是贫穷者，还包括消费者、环境保护者以及广义的"公众"，他们的新权益得到了保障和维护。认识到这些改革的重要性的同时，我们也不应忽视它们的局限和不足，它们仅关注于保障一定对象如何去实现法律救济，而忽视了一些非法律救济的权益。在这种情形下，"接近正义"运动就着眼于更大的范围和内容，推行了第三次尝试，即"接近正义的第三波"，替代性纠纷解决方式的发展。①

替代性纠纷解决方式包括任何主审法官宣判以外的程序和方法，从而提供给当事人任意选择用来避免对抗性诉讼的办法。②替代性纠纷解决方式的基本理念是改变传统的对法院在纠纷解决中的功能的认识，即不能把法院在纠纷中所作的贡献完全等同于根据判决来解决纠纷，法院的主要贡献在于为了私人的、公共的场所中所产生的交涉和秩序，提供规范的和程序的背景。③在此，纠纷解决的途径从单一的法院向多元的社会转变，替代性纠纷解决方式强化了社会纠纷解决的能力，在确立法院纠纷解决的

---

① 参见［意］莫诺·卡佩莱蒂编《福利国家与接近正义》，刘俊祥等译，法律出版社 2000 年版。

② 范愉：《非诉讼纠纷解决机制研究》，中国人民大学出版社 2000 年版，第 10 页。参见宋冰编《程序、正义与现代化——外国法学家在华演讲录》，中国政法大学出版社 1998 年版，第 420 页。

③ ［意］莫诺·卡佩莱蒂编：《福利国家与接近正义》，刘俊祥等译，法律出版社 2000 年版，第 125 页。

同时，现代替代性纠纷解决方式的存在和运作为当事人提供选择的可能性。[①] 替代性纠纷解决方式的出现，拓展了纠纷解决的选择范围，从而实现了纠纷解决的多元化。

二　我国替代性纠纷解决机制的现状

我国历史上并不缺乏替代性纠纷解决方式，即便是近代以来，西方法律制度及其法律思想的介入也没有取代替代性纠纷解决方式在处理民众纠纷上的重要地位。新中国成立后，诸如人民调解、法院调解等形式多样的替代性纠纷解决方式因其在解放区的成功推行而得以在全国推广。随着市场经济的发展，社会关系一改计划经济模式下的单一，纠纷的种类和表现呈现多样化和复杂化的态势；以调解等为代表的替代性纠纷解决方式也因背负着计划经济的落后意识而遭致批判，诉讼作为纠纷解决的方式得以推崇。最为极致的是诉讼方式被赋予了判定民众权利意识和法律意识增长的标尺，有如"我国应大力破除一些陈腐的文化观念，增强公民的权利意识以及权利的诉讼保护意识，提倡诉讼，不折不扣地保护每一项民事权利，减少调解的比例"。[②] 然而，对诉讼作为纠纷解决方式的过度推崇，因而带来了一些负面后果。例如，法院案件的积压。由于法院自身解决纠纷能力的有限，面对案件受理量的不断攀升，其结果就是法院案件积压问题日渐突出，难以满足社会的诉讼需求；加之司法腐败以及诉讼固有的局限性，民众丧失对法律的期待和信任，再

[①]　范愉：《非诉讼纠纷解决机制研究》，中国人民大学出版社 2000 年版，第 12 页。

[②]　徐国栋：《民法基本原则解释——成文法局限性之克服》，中国政法大学出版社 1996 年版，第 123—124 页。

次远离法律而去。

三　替代性纠纷解决方式的优势

在现代法治社会，诉讼虽然是解决民事纠纷最终和最权威的手段，但并不意味着所有的纠纷都必须去人民法院寻求解决。事实上，接近正义与纠纷解决机制的多元化并非对立，接近正义的第三次浪潮——替代性纠纷解决方式（ADR）的勃兴——已充分说明了这一点。ADR 的基本理念就是将正义与司法（人民法院）区分开来，重新理解和解释正义的内涵，使公民有机会获得具体且符合实际的正义，即纠纷解决的权利。正因为如此，有学者指出，随着当代社会纠纷解决的需求和司法功能的变化，原来由国家司法机关高度垄断的司法活动开始呈现出社会化趋势。[①]司法的社会化应当说是司法供应不能满足社会需求的必然结果，即现代社会诉讼的压力及其固有弊端催生了多元化纠纷解决机制的发展。"这样的改革以及制度给社会带来的变化是巨大的，但是它们反映了现实生活中的一些实际情形以及每天的进步。这些变化实际上就成了一种变相的优势再分配的标志。"[②]

替代性纠纷解决机制具有如下优势：一是拓宽纠纷解决方式。虽然诉讼是各种纠纷解决方式中最为权威性和最能获得执行的纠纷解决方式，但是国家司法资源的有限性必然会使纠纷的类型以及权利义务关系的类型法定化，这样一方面缩小了诉讼解决纠纷的范围，另一方面则使只有符合法定条件纠纷的当事人才能

---

① 范愉主编：《司法制度概论》，中国人民大学出版社 2003 年版，第 45 页。

② ［美］格兰特：《后话：对诉讼的分析》，《法律与社会评论》第 9 卷，第 149 页（1975 年）。

够进入诉讼程序，无疑降低了司法救济在纠纷解决上的效用。多元纠纷解决机制却能弥补诉讼纠纷解决方式的不足，使诸多不能通过诉讼方式解决的纠纷可以通过替代性纠纷解决方式得以解决。二是克服单一民事诉讼所固有的弊端。诉讼解决纠纷常常会面临合法却难合情理的困境，而多元纠纷解决机制中的替代性纠纷解决机制则都是以当事人的自愿选择为前提，体现出纠纷解决的灵活性、自主性，从而能够很好地实现法理与情理的融合和统一。三是减少纠纷的对抗性。ADR 的广泛运用，导致了传统的诉讼文化的某种转变，将使得诉讼的对抗性大大缓和，更多地向和解性转化，平和地解决纠纷的价值更加受到推崇。四是降低纠纷解决的成本。以诉讼的方式解决纠纷，虽然最具权威性，但随之而来的是当事人为诉讼投入的诉讼费用、其他经济开支以及巨大的精力，同时，国家为每一诉讼需要投入相当的司法资源，诉讼的启动就意味着诉讼开销的增加和司法资源的损耗。多元纠纷解决机制则为民众提供了非诉讼与诉讼的多重纠纷解决选择途径，充分考虑民事纠纷解决方式与民事纠纷的适应性,[①] 使民众能够根据自身的实际情况而选择符合自身需要的纠纷解决模式，从而起到了对纠纷解决成本最大程度的降低。而正是多元纠纷解决机制所具备的这些优点，起到了缓解法院案件负担、促进纠纷及时解决的效果。五是 ADR 与民事诉讼是兼容的。ADR 与民事诉讼是可以相互促进，互相包容的，它可以为整体纠纷解决搭建一个共同的平台。一方面，ADR 可以为社会主体

---

① 潘剑锋：《论民事纠纷解决方式与民事纠纷的适应性》，《现代法学》2000 年第 6 期。

纠纷解决提供更多的选择和更为便捷适宜的渠道，实际上扩大了司法利用的范围；另一方面，ADR 与诉讼的衔接也使法院的功能进一步发生转变，从纠纷解决更多地向规则的发现和确认、利益的平衡乃至决策的方向转变，而一部分纠纷解决的功能将转由 ADR 来承担，法院则由此承担起对 ADR 进行协调和监督的职能。①

四　替代性纠纷解决机制的合理重构

对于具有深厚无讼传统的中国而言，民间 ADR 的发展可以给予国民充分的选择，以决定是否采取诉讼方式解决纠纷。因此，发展民间 ADR 对于平衡、保障企业与相关利益关系人之间的关系意义重大。目前，我国民间 ADR 主要有仲裁机构的仲裁和人民调解委员会的调解。

（一）仲裁

仲裁作为已被广泛发展的民间 ADR 主要方式，已经在我国获得了比较成熟的发展，但需要注意的是，仲裁与其他非诉讼方法有显著的不同之处，即除了具有高度的灵活性和自主性之外，尚具有一定的强制性。主要表现在仲裁裁决除了具有一定的法律强制性之外，仲裁裁决还能够排除当事人对纠纷的诉讼解决。对于仲裁何以能够获得此效力，有学者指出，现代 ADR 的基本原理是，如果参与或启动程序是强制性的，处理结果一般就不具有终局性，允许当事人提起诉讼，赋予其司法救济的途径。但是，如果 ADR 的参与或启动程序是自愿选择的，处理结果就可以是

---

① 张榕：《民事诉讼收费制度改革的理念及路径》，《法律科学》2006 年第 1 期。

终局的。① 笔者认为，这种解释只说明了仲裁所有具有终局裁决效力的一个理由。事实上，仲裁所以能排除司法救济的理由除了仲裁的发生是基于双方当事人的协议之外，关键还在于仲裁程序的设置符合最低限度的公正以及仲裁裁决仍要接受一定程度的司法监督，尽管这种司法监督越来越流于程序上的审查。但无论如何，在这种情况下赋予仲裁裁决的终局性，并不能认为是"构成对向法院起诉一般权利之侵犯，不违反宪法"。②

（二）人民调解

随着民事诉讼法制的完善和人们权利意识的复苏，人民调解制度逐渐出现了萎缩的现象。其中一个十分重要的原因就是人民调解的非约束力。③ 为此，最高人民法院在 2002 年 9 月通过了《关于审理涉及人民调解协议的民事案件的若干规定》，明确人民调解协议的合同性质，强化了协议的法律效力。该司法解释实际上是将人民调解协议纳入了合同法规范的范畴，使人民法院以合同法为根据对当事人双方所发生的争议进行审理并作出判决。对于这一规定，已有学者提出了质疑。④ 笔者认为，调解协议作为当事人在调解机构参与的情况下所达成的协议本质上是双方为了有效解决争议而对实体权利义务的妥协和让步。在调解协议未得到自愿履行，未成为当事人之间纠纷的"终结者"时，认为此协议内容还能够约束双方当事人容易违背双方当事人的自主意志。

---

① 范愉：《浅谈当代非诉讼纠纷解决的发展及其趋势》，《比较法研究》2003 年第 4 期。

② ［意］莫诺·卡佩莱蒂等：《当事人基本程序保障权与未来的民事诉讼》，徐昕译，法律出版社 2000 年版，第 33 页。

③ 张卫平：《人民调解：完善与发展的路径》，《法学》2002 年第 1 期。

④ 同上。

因此，简单赋予调解协议以法律效力并不是解决人民调解制度问题的有效办法。要充分发挥人民调解委员的作用，使人们更乐于利用该制度作为解决纠纷的方式，只能从调解委员会本身制度入手，如增加其便民性、民主性等。毕竟 ADR 真正的魅力就在于利用其"快捷性、低廉性、自主性和灵活性"① 来获得人们的选择并在此基础上得到自愿的履行。尽管人民调解委员会的调解是最主要的民间调解的方式，但在此之外，为了满足社会生活多样化所带来的民众需求的多样化，在人民调解委员会之外设立其他的调解机构也是必要的。例如，除了目前消费者协会的调解外，还可以在律师和公证协会建立调解中心以解决各种临时性社会问题引发的纠纷。

---

① 袁泉、郭玉军：《ADR——西方盛行的解决民商事争议的热门制度》，《法学评论》1999 年第 1 期。

结　语

不可否认的是，自从企业正式登上人类历史舞台，就注定要扮演一个不同寻常的角色，它以财富的快车轰鸣地推动着人类社会不断攀爬物质世界的新高度，但同时也撒下了一路的"争吵"、"喧嚣"和"烟尘"，侵蚀着我们的物质和心灵家园，让我们在享受物质生活富足的同时，倍加感受到企业带给我们的威胁与不安。于是，回眸脚下的深渊，我们不得不问，企业，你究竟想把我们推向何方?! 当前，世界的繁荣与稳定、和平与发展已与企业的经营息息相关，国家治理影响越来越小，而企业的影响却越来越大。全球 67 亿人口中，78％是穷人，我们不能让这 78％的穷人变成"愤怒的人"，变成会"暴力相向的人"。因此，企业必须承担起其应承担的社会责任!

我国的企业为国民经济的增长做出了巨大的贡献，但"经济的增长并不必然带来幸福，经济发展要有一个正确的方向，只有公平的经济繁荣，协调的社会、经济、自然的发展才能通向幸福之路，追求安康、富足、有保障的幸福生活，是中华民族千百年来的追求与梦想。"① 为了实现这个梦想，我国的企业不仅需要扩增企业获利的能力与范畴，更要使得其本身成为人性动机与社会价值的生产者、发动者与促进者。如何促进和规范企业承担相应的社会责任已经成为摆在我们面前亟待解决的问题。在强调依法治国的今天，运用法律对企业社会责任进行规范自然地成为了我们的选择。本文采用宏观法制环境的研究视角，对不同法制环境下的企业社会责任进行的阐述以及对我国企业社会责任进行的相关立法设计，主要目的就是要促使我国的企业承担起其应负的社会责任。我们也期待着我国的企业在市场激烈竞争的过程中，坚持不渝地肩负起企业应有的社会责任，将企业真正做得健康，守法，有责任感，受全社会尊敬，从而在持续的发展中保持强大的竞争力和良好的形象，为构建和谐社会贡献企业应有的力量。

---

①　高国希：《共同富裕与经济公正》，2004 年 12 月 19 日《文汇报》。

参考文献

Archie B. Carroll, "A Three - Dimensional Conceptual Model of Corporate Social Performance", *Academy of Management Review* (Vol. 4, No. 4, 1979), 497—505.

Bowen, Howard R., "Social Responsibilities of the Businessman", New York: *Harper & Row*, 1953, 6.

Carrol, A. B., "A Three - Dimensional Coceptual Model of Corporate Social Performance". *Academy of Management Review*, 1979, Vol. 4, 497—505.

Carroll, Archie B., "A Three - Dimensional Conceptual Model of Corporate Performance", *Academy of Management Review*, Vol. 4 (4), 1979, 502—504.

Carroll, A. B. (1999), "Corporate social responsibility - evolution of a definitional construct", *Business & Society*, 38, 268—295.

Carroll, A. B. (1981), *Business and Societh*. Boston: Liattle, Brown and Company.

CED (1971), "Social Responsibilities of Business Corporations", New York: *Committee for Economic Development*, 51.

Charles Bickerman, "After Darwin, Ethics Again", Far East Economic Review (March 22, 2001), 40—41.

Charles J. Fombrum, "Three Pillars of Corporate Citizenship", in Noel Tichy, Sndrew McGill, and Lynda St. Clair (eds.), Corporate Global Citizenship (San Francisco: The New Lexington Press).

Charlotte Low, "Someone's Rights, Another's Worngs", Insight (January 26, 1987), 8.

Daly, Herman E., "Globalization and Its Discontents", *Philosophy & Pubic Policy Quarterly* Vol. 21, No. 2/3, Spring/Summer 2001, 17.

Davis, Keith, "Can Business Afford to Ingore Social Responsibilities?", *California Management Review*, 2, 1960, 70—76.

Davis, Keith, "Understanding the Social Responsibility Puzzle: What Does the Businessman Owe to Society?", *Business Horzon*, Winter, 1967, 45—50.

Davis, Keith. & Robe, L. Blomstrom, *Business and Society: Environment and Responsibility*, 3rd, New York: McGraw Hill, 39.

Davis, K., "Can Corporations Ignore Social Responsibilities?", *California Management Review*, 1960, Vol. 2, No. 3, 70—76.

Dicken, P., "Global Shift: The Internation of Economis

Activity", York/London: *Guilford Press*, 1992, 1.

Edwin, D, (1987), "Who Wants Corporate Democracy?", *Harvard Business Review*, Sep. – Oct.

Eells, R. , *The Meaning of Modern Business*, New York: Columbia University Press.

Frederick W C. , "The Growing Concern over Business Responsibility", *California Management Review*, Summer 1960, 54—61.

Frederick, W. C. (1983), "Corporate Social Responsibility in the Reagan Era and Beyond", *California Management Review*, 25: 151.

Friedman, M. , "The Social Responsibility of Business is to Increase ite Profits", *New York Time Magazine*, September 13, 1970.

Gruning, J. E. (1979), "A New Measure of Public Opinions on Corporate Social Responsibility", *Academy of Management Journal*, 22: 718—764.

Hayek, R. , "Social Responsibility of Business Manager", *Academy of Management Journal*, Vol. 7, No. 1, 1960, 135—143.

James E. Post, William C. Frederick, Anne T. Lawrence and James Weber, *Business and Society: Corporate Strategy Public Policy*, Ethics (Eightn) Edition, Mc Graw – Hill, 1996, 37.

Keim, G. Zeithaml, C. , "Corporate political strategy and legislative decision – making: A review and contingency approach", *Academy of Management Review*, 1986, 11 (4), 828—843.

Liam Fahey and V. K. Narayanan, "Macroenvironmental Analysis for Strategic Management" (St. Paul: West, 1986), 28—29.

Logsdon, Jeanne, M. , and Wood, Donna, J. , 2002, "Business Citizenship: From Domestic to Global Level of Analysis", Business Ethics Quarterly, Vol. 12 (2), 177.

Mcguire J. W. , *Business and Society*", New York: *McGraw - Hill*, 1963, 144.

McGuire, J. B. , *Business and Society*, New York: McGraw - Hill, 1963.

Robert Ackerman and Raymond Bauer, *Corporate Social Responsiveness*: *The Modern Dilemma* (Reston, VA: Reston Publishing Company, 1976), 6.

R. Eells & C. C. Walton, *Conceptual Foundations of Business*, Third Edition 1974, 260.

Sen, Saknar, Bhattacharya, C. B. , "Does Doing Good Always Lead to Doing Better?" Consmuer Reactions to Corporate Social Responsibility: *Joumal of Marketing Reesacrh* (*JMR*), May (2001), Vol. 38 Issue 2, 225.

Sethi, S. P. (1975), "Dimensions of Corporate Social Performance: An Analytical Framework" . *California Management Review*.

Shelling, T. C. , *Mirmotives and Macrobehavior*. New-

York. W. Norton, 1978.

Sheryl Gay Stolbeg, "Company Using Cloning to Yield Stem Cells", *The New York Times* (July 13, 2001).

Spencer B. A. and Taylor, G. S., "A Within and Between Analysis of the Relationship Between Corporate Social Responsibility and Financial Performance", *Akron Business and Economic Review* 18: 7—18 in Preston, L. E. and D. P. O' Bannon (1997). "The Corporate Social - financial Performance Relationship", Business and Society. 36 (4): 419—429.

Steiner, G. A. & J. F. Steiner (1980), "Business, Government & Society", New York: *Random House*. M3.

Swanson D. L., "Addressing a Theoretical Problem bay Reorienting the Corporate Social Performance Model", *Academy of Management Review*, Vol. 20 (1), 1995, 43—64.

S. Prakash Sethi, "Dimensions of Corporate Social Performance: An Analytical Framework", *California Management Review* (Spring 1975), 58—64.

Trends (1975), "Corporate Social Responsibility Precisely Befined At Shell", Nov - Dec., 18—19.

Vidaver - Cohen, Deborah, and Altman, Barbara W., 2000, "Concluding Remarks, Corporate Citizenship in the New Millennium: Foundation for an Architecture of Excellence", *Business and Society Review*, Vol. 105 (1), 167.

Walter Isaacson, "The Biotech Century", (Junuary 11, 1999), 42—43.

Wartick，Steven L. , and Cochran，Philip L. , "The Evolution of the Corporate Social Performance Model"，*Academy of Management Review*，Vol. 10（4）. 758.

Weidendaum，M. , "Public Policy：No Longer a Spectator Sport for Business"，*Journal of Business Strategy*，1980，3（4），46—53.

Werther，Jr. W B. and D. Chandler，*Strategic Corporate Social Responsibility Stakeholders in a Global Environment*，Sage Publications，London，UK. 2005.

William C. Frederick，"From CSR1 to CSR2：The Maturing of Business – and – Society Thought"，*Business and Society*，Vol. 33（2），153.

Wood，Donna J. , "Corporate Social Performance Revisited"，*Academy of Management Review*，Vol. 16（4），393.

World Bank Institute & World Band Group，"Public Policy for Corporate Social Responsibility"，July 7—25，2003.

"Special：America's Next Ethical War"，Far East Economic Review（March 22，2001），40—41.

《论语·学而篇》。

《马克思恩格斯选集（第 2 卷）》。

《孟子·离娄下》。

《孟子·梁惠王上》。

《中国电视台品牌建设与管理创新分析报告（2005—2006）》，中国传媒大学出版社 2006 年版。

《资本论》（第 1 卷），人民出版社 1975 年版。

《组织权利和集体谈判权利原则的实施公约》（第二条），国际劳工组织北京局编《国际劳工公约和建议书》（第一卷），1994年版。

［美］阿奇 B. 卡罗尔、安 K. 巴克霍尔茨：《企业与社会伦理与利益相关者管理》，黄煜平、朱中彬等译，机械工业出版社2004年版。

［美］埃莉诺·奥斯特罗姆：《社会资本：流行的狂热抑或基本的概念?》，龙虎编译，《经济社会体制比较》2003年第2期。

常凯：《WTO、劳工标准和劳工权益保障》，《中国社会科学》2002年第1期。

陈淑妮：《企业社会责任与人力资源管理研究》，人民出版社2007年版。

陈永正、贾星客、李极光：《企业社会责任的本质、形成条件及表现形式》，《云南师范大学学报》2005年第5期。

陈支武：《企业社会责任理论与实践》，湖南大学出版社2008年版。

陈钟凡：《两宋思想述评》，东方出版社1996年版。

程宝库、林楠南：《关于我国反商业贿赂立法的反思》，《求是学刊》2006年第3期。

单忠东等：《中国企业社会责任调查报告（2006）》，经济科学出版社2007年版。

樊浩：《"诚信"的形上道德原理及其实践理性法则》，《东南大学学报》2003年第6期。

［美］菲利普·科特勒、南希·李：《企业的社会责任——通过公益事业拓展更多的商业机会》，姜文波等译，机械工业出版

社 2006 年版。

高国希：《共同富裕与经济公正》，2004 年 12 月 19 日《文汇报》。

古桂琴、丁鑫：《浅议政府在促进企业履行社会责任中的作用》，《山西高等学校社会科学学报》2006 年第 6 期。

［美］哈罗德·孔茨、海因茨·韦里克：《管理学》，经济科学出版社 1998 年版。

何礼果：《现代信息技术法律问题研究》，《西南民族大学学报》2005 年第 3 期。

黄传英：《完善治理商业贿赂法规探析》，《广西民族大学学报》2007 年第 6 期。

黄仁宇：《资本主义与二十一世纪》，生活·读书·新知三联书店 1997 年版。

江平：《中国公司法原理与实务》，科学普及出版社 1994 年版。

［德］康德：《道德形而上学原理》，苗力田译，上海人民出版社 1986 年版。

柯葛壮、张亚杰：《论惩治商业贿赂的制度缺失及完善》，《政治与法律》2007 年第 3 期。

［韩］李哲松：《韩国公司法》，吴日焕译，中国政法大学出版社 2000 年版。

李立清、李燕凌：《企业社会责任研究》，人民出版社 2005 年版。

［日］立石信雄：《企业的礼法》，杉本智生译，欧姆龙株式会社 2007 年版。

刘俊海：《公司的社会责任》，法律出版社 1999 年版。

刘俊海：《强化公司社会责任是构建和谐社会的重要内容》，《中国社会科学院院报》2005－9－27。

刘俊海：《职工参与公司机关制度的比较研究》，王保树《商事法论集》（第 3 卷），法律出版社 1998 年版。

刘连煜：《公司治理与公司社会责任》，中国政法大学出版社 2001 年版。

卢代富：《企业社会责任的经济学与法学分析》，法律出版社 2002 年版。

陆晓禾：《承认自由空间，承担道德责任——第三届"国际企业、经济学和伦理学学会"世界大会述评》，《毛泽东邓小平理论研究》2004 年第 10 期。

［德］罗伯特·霍恩：《德国民商法导论》，楚建译，中国大百科全书出版社 1996 年版。

［美］罗波特·C. 克拉克：《公司法则》，胡平、林长远等译，中国工商出版社 1999 年版。

［美］罗伯特·D. 普特南：《繁荣的社群——社会资本和公共生活》，杨蓉编译，《马克思主义与现实》1999 年第 3 期。

［法］孟德斯鸠：《论法的精神（上册）》，张雁深译，商务印书馆 1959 年版。

［法］米海依尔·戴尔玛斯·马蒂：《世界法的三个挑战》，法律出版社 2001 年版。

［英］米尔恩：《人的权利与人的多样性》，张志铭、夏勇译，中国大百科全书出版社 1996 年版。

［美］默里·L. 韦登鲍姆：《全球市场中的企业与政府》，张兆安译，上海人民出版社 2006 年版。

邵景春：《欧洲联盟的法律与制度》，人民法院出版社 1999年版。

沈洪涛、沈艺峰：《公司社会责任思想起源与演变》，上海人民出版社 2007 年版。

师利娟：《论我国企业社会责任的立法完善》，《法制与社会》2006 年第 1 期。

史晓丽：《转基因技术及产品的法律管制》，《比较法研究》2003 年第 4 期。

［美］斯蒂芬·P. 罗宾斯、玛丽·库尔特：《管理学》，孙健敏等译，中国人民大学出版社 2004 年版。

［美］斯蒂格利茨：《政府在市场经济中的角色：政府为什么干预经济》，中国物资出版社 1998 年版。

［印］泰戈尔：《渡口·第 23 首》。

谭森、刘开明：《跨国公司的社会责任与中国社会》，社会科学文献出版社 2003 年版。

唐更华：《企业社会责任发生机埋研究》，湖南人民出版社 2008 年版。

田广研：《企业裂变——企业与社会》，中国社会科学出版社 2007 年版。

田虹：《企业社会责任及其推进机制》，经济管理出版社 2006年版。

万俊人：《道德之维——现代经济伦理导论》，广东人民出版社 2000 年版。

王保树：《最新日本公司法》，法律出版社 2006 年版。

王玲：《经济法语境下的企业社会责任研究》，中国检察出版社 2008 年版。

王明峰：《论社会主义市场经济的法制地位及其意义》，《理论导刊》1993 年第 11 期。

王全福：《困境与抉择——有关电子商务的法律变革》，《理论探索》2004 年第 6 期。

王晓：《我国检察机关提起民事公益诉讼之研究》，《学海》2007 年第 4 期。

韦森：《社会制序的经济分析导论》，上海三联书店 2001 年版。

卫武：《企业政治策略与企业政治绩效的关联性研究》，浙江大学出版社 2008 年版。

［德］魏德士：《法理学》，丁小春、吴越译，法律出版社 2005 年版。

徐立青、严大中等：《中小企业社会责任理论与实践》，科学出版社 2007 年版。

徐孟洲：《论中国经济法制与和谐社会之构建》，《法学杂志》2005 年第 6 期。

［古希腊］亚里士多德：《政治学》，商务印书馆 1997 年版。

［英］亚当·斯密：《国民财富的性质和原因的研究》，郭大力、王亚南译，商务印书馆 2003 年版。

闫宝龙：《反商业腐败的法律缺失与对策》，《山东社会科学》2007 年第 2 期。

颜运秋：《公司利益相关者派生诉讼的理论逻辑与制度构建》，《法商研究》2005 年第 6 期。

杨秋林、刘莉芬：《商业贿赂犯罪的立法缺陷及其完善》，《江西社会科学》2007 年第 6 期。

殷格非、于志宏、崔生祥：《企业社会责任行动指南》，企业管理出版社 2006 年版。

于清教：《企业要负有社会责任感》，《中国质量报》2006 年 8 月 17 日。

余晓敏：《经济全球化背景下的劳工运动：现象、问题与伦理》，《社会学研究》2006 年第 3 期。

苑鹏：《荷兰公司的雇员参与制及其启示》，《管理世界》1999 年第 1 期。

［美］约翰·罗尔斯：《正义论》，何怀宏、何包钢、廖申白译，中国社会科学出版社 1988 年版。

［美］詹姆斯·E. 波斯特、安妮·T. 劳伦斯、詹姆斯·韦伯：《企业与社会：公司战略、公共政策与伦理》，张志强、王春香等译，中国人民大学出版社 2005 年版。

张得让、陈金贤：《政府采购中理性政府行为的角色分析》，《财政研究》2001 年第 11 期。

张俊、马力：《坏境税的立法构想》，《圆桌论坛》2007 年第 7 期。

张开平：《英美公司董事法律制度研究》，法律出版社 1998 年版。

张民安：《公司法上的利益平衡》，北京大学出版社 2003 年版。

张文显：《法理学》，高等教育出版社、北京大学出版社 1999 年版。

张彦宁、陈世通：《2007 中国企业社会责任发展报告》，中国电力出版社 2008 年版。

赵景峰：《经济全球化的马克思主义经济学分析》，人民出版社 2006 年版。

中国企业管理研究会、中国社会科学院管理科学研究中心：《中国企业社会责任报告》，中国财政经济出版社 2006 年版。

中国社科院财经所：《完善市场秩序的政策研究》，《财贸研究》2000 年第 1 期。

周勇：《论责任、企业责任与企业社会责任》，《武汉科技大学学报》2003 年第 4 期。